O
Mestre
na
educação

Creio em Deus, Criador onisciente e onipotente, Causa Suprema de todas as causas, origem do bem e do belo.

*

Creio num só destino reservado a todos e cuja realização se dará infalivelmente, no infinito do tempo, conforme se deduz da incomparável Odisseia do Filho Pródigo.

*

A melhor, a mais eficiente e econômica de todas as modalidades de assistência é a Educação, por ser a única de natureza preventiva. Não remedeia os males sociais; evita-os.

*

A liberdade é um tesouro oculto. Pela educação, o homem a descobre nas profundezas da alma e se torna livre.

*

O senso da vida sendo, como é, a evolução, há de ser pela autoeducação que se consumará: "Sede perfeitos como o vosso Pai celestial é perfeito".

*

A salvação não está numa finalidade a que se convencionou denominar Céu ou paraíso; está, sim, na perpétua renovação da vida, para a frente e para o alto. Avançar — como disse Paulo de Tarso —, "de glória em glória", tal é, em síntese, o trabalho, o plano da Redenção.

VINÍCIUS

Vinícius

O Mestre na Educação

FEB

Copyright © 1976 *by*
FEDERAÇÃO ESPÍRITA BRASILEIRA — FEB

10ª edição – Impressão pequenas tiragens – 1/2025

ISBN 978-85-7328-620-5

Todos os direitos reservados. Nenhuma parte desta publicação pode ser reproduzida, armazenada ou transmitida, total ou parcialmente, por quaisquer métodos ou processos, sem autorização do detentor do *copyright*.

FEDERAÇÃO ESPÍRITA BRASILEIRA – FEB
SGAN 603 – Conjunto F – Avenida L2 Norte
70830-106 – Brasília (DF) – Brasil
www.febeditora.com.br
editorial@febnet.org.br
+55 61 2101 6161

Pedidos de livros à FEB
Comercial
Tel.: (61) 2101 6161 – comercial@febnet.org.br

Adquirindo esta obra, você está colaborando com as ações de assistência e promoção social da FEB e com o Movimento Espírita na divulgação do Evangelho de Jesus à luz do Espiritismo.

Dados Internacionais de Catalogação na Publicação (CIP)
(Federação Espírita Brasileira – Biblioteca de Obras Raras)

V785m	Vinícius, 1878–1966
	O mestre na educação / Vinícius. – 10. ed. – Impressão pequenas tiragens – Brasília: FEB, 2025.
	152 p.; 21 cm
	ISBN 978-85-7328-620-5
	1. Jesus Cristo – Interpretações espíritas. 2. Espiritismo I. Federação Espírita Brasileira. II. Título.
	CDD 133.9
	CDU 133. 7
	CDE 60.00.00

Sumário

Vinícius na educação 9
1 - Mestre e Salvador 11
2 - A obra messiânica de redenção é obra de educação 15
3 - Um só problema e uma só solução 27
4 - Evolução e educação 31
5 - O problema do destino 33
6 - A meta atingida 35
7 - Renovemos nossa mente 39
8 - A natureza humana 43
9 - Jesus, o Mestre 49
10 - Educar 53
11 - Não julgueis 57
12 - Instrução e educação 61
13 - O criminoso e o crime 65
14 - Sede perfeitos 69
15 - O homem 73
16 - Flagelos da Humanidade 75

17 - A necessidade do momento 77
18 - *Fiat lux!* 81
19 - Valor imperecível 85
20 - Querer é poder? 87
21 - Dever paterno 89
22 - Renovação pela educação 91
23 - Pão e luz 95
24 - Jesus e suas parábolas 101
25 - Clama sem cessar 105
26 - Salvar é educar 113
27 - Educação 115
28 - Rumo à perfeição 117
29 - O Mestre e o discípulo 121
30 - Kardec, o operariado e a educação 127
31 - A criança 133
32 - A criança asilada 139
33 - As gerações futuras 147

Vinícius na educação

Estes escritos são de um homem que, em sua última reencarnação, encerrada exatamente há dez anos, empreendeu atividades de ordem espiritual que o credenciam ao respeito e à admiração de quantos lhe analisem a figura de apóstolo da educação.

Em O Mestre na educação, encontram os leitores alguns dos principais trabalhos de Vinícius (Pedro de Camargo) sobre o tema que o motivou no curso de meio século de profícua atuação no Espiritismo brasileiro. Nele se enfeixam artigos e conferências, com páginas até agora inéditas, junto a capítulos, versando especificamente as questões da educação à luz da Doutrina dos Espíritos, extraídos de periódicos e livros de sua autoria, hoje raros, quais sejam, estes últimos: Nas pegadas do Mestre, Em torno do Mestre e Na seara do Mestre, editados pela FEB, e Na escola do Mestre, publicado em São Paulo (SP).

Na obra intitulada Grandes espíritas do Brasil, impressa em 1969, Zêus Wantuil inseriu interessantes apontamentos biográficos e valiosos dados pertinentes à ação cristã-espírita de Vinícius, sempre presente nos momentos mais importantes do Espiritismo e da Casa de Ismael, no seu tempo, tendo marcado, sem dúvida, uma fase positiva de realizações também em São Paulo, cujo movimento espírita lhe recebeu mais direta, constante e vultosa contribuição.

Desdobrando-se, com tranquilidade e firmeza — peculiaridades do seu caráter eminentemente cristão —, entre o Educandário e o Centro Espírita, o Jornal e o Rádio, a Tribuna e o Livro, Vinícius foi o pregador perseverante, o exemplificador, aquele que testemunhou o educar-se para educar.

A administração da casa-máter do Espiritismo no Brasil, empenhada na dinamização dos labores diretamente vinculados à educação, entendida no sentido mais amplo do termo, através do livro espírita, do Reformador, do Conselho Federativo Nacional, do Departamento de Infância e Juventude e demais órgãos e serviços — destacando-se a Evangelização da Criança e do Jovem —, sente-se jubilosa com este lançamento, na certeza de estar, uma vez mais, motivando o estudo e a meditação capazes de suscitar, nesta fase de dolorosas transições por que passa o mundo, ação construtiva, consolação edificante, instrução espiritual, paz e fraternidade.

Rio de Janeiro (RJ), 11 de outubro de 1976.

FRANCISCO THIESEN
Presidente da Federação Espírita Brasileira

1
Mestre e Salvador

Jesus apresentou-se perante a Humanidade como Mestre e Salvador.

"Eu sou o vosso Mestre", dizia Ele aos que o rodeavam para escutar sua palavra sempre inspirada e convincente.

Nós somos, pois, seus discípulos: Ele é nosso Mestre.

Mestre é aquele que educa. Educar é apelar para os poderes do Espírito. Mediante esses poderes é que o discípulo analisa, perquire, discerne, assimila e aprende.

O mestre desperta as faculdades que jazem dormentes e ignoradas no âmago do "eu" ainda inculto.

A missão do mestre não consiste em introduzir conhecimentos na mente do discípulo: se este não se dispuser a conquistá-los, jamais os possuirá.

Há deveres para o mestre e há deveres para o discípulo. Cada um há de desempenhar a parte que lhe toca.

Entre aquele que ensina e aquele que aprende, é preciso que exista uma relação, uma correspondência de esforços, sem o que não haverá ensinamento nem aprendizagem.

Quanto mais íntima a comunhão entre o mestre e o discípulo, melhor êxito advirá para quem ensina e para quem aprende.

O mestre não fornece instrução: mostra como é ela obtida. Ao discípulo cumpre empregar o processo mediante o qual adquirirá instrução. O mestre dirige, orienta as forças do discípulo, colocando-o em condições de agir por si mesmo na conquista do saber.

Para que a comunhão entre o mestre e o discípulo seja um fato, é absolutamente indispensável o concurso, a cooperação de ambos. O termo comunhão significa mesmo correspondência íntima entre dois ou mais indivíduos identificados num determinado propósito.

Se o mestre irradia para o discípulo e o discípulo não irradia para o mestre, deixa de haver correspondência entre eles, e o discípulo nenhum aproveitamento tirará das lições recebidas.

Jesus veio trazer-nos a verdade. Fez tudo quanto lhe competia fazer para o cabal desempenho dessa missão que o Pai lhe confiara. Não poupou esforços: foi até ao sacrifício.

Resta, portanto, que o homem, o discípulo, faça a sua parte para entrar na posse da verdade, essa luz que ilumina a mente, consolida o caráter e aperfeiçoa os sentimentos.

Aqueles que já satisfizeram tal condição, vêm bebendo da água viva, vêm apanhando, dia por dia, partículas de verdade, centelhas de luz.

Os que deixaram de preencher a condição permanecem nas trevas, na ignorância; e nas trevas e na ignorância permanecerão até que batam, peçam e procurem.

Jesus veio trazer-nos a redenção. É por isso nosso Salvador. Mas só redime aqueles que amam a liberdade e se esforçam por alcançá-la.

Os que se comprazem na servidão das paixões e dos vícios não têm em Jesus um salvador. Continuarão vis escravos até que compreendam a situação ignominiosa em que se encontram, e almejem conquistar a liberdade.

Jesus não é mestre de ociosos. Jesus não é salvador de impenitentes. Para ociosos e impenitentes — o aguilhão da dor.

O sangue do Justo foi derramado no cumprimento de um dever a que se impusera: não lava culpas nem apaga os pecados dos comodistas, dos preguiçosos, dos devotos de Epicuro e de Mamon.

A redenção, como a educação, é obra em que o interessado tem de agir, tem de lutar desempenhando a sua parte própria; sem o que, não haverá para ele mestre nem salvador.

A redenção, como a educação, é obra que se realiza gradativamente no transcurso eterno da vida; não é obra miraculosa que se consuma num dado momento.

E por ser assim é que Jesus dizia: "Aquele que me serve siga-me, e onde eu estou estará aquele que me serve".

Seguir: eis a ordem. Sempre avante: eis o lema do estandarte desfraldado pelo Mestre e Salvador do mundo.

2
A obra messiânica de redenção é obra de educação

Vamos definir a pessoa e a missão de Jesus, valendo-nos, para isso, da sua própria declaração, segundo consta dos Evangelhos.

Desejando que aqueles homens humildes e bons que escolhera para seus colaboradores soubessem quem ele era e donde procedera, interrogou-os, certa vez, indagando: "Quem diz o povo que eu sou?". Eles retrucaram: "Dizem que sois um dos antigos profetas que ressuscitou". "E, vós outros", prosseguiu o Senhor, "quem dizeis que eu sou?". Pedro, adiantando-se aos demais, respondeu: "Tu és o Cristo, Filho do Deus vivo". (*Mateus*, 16:13 a 16.)

Jesus, confirmando a resposta do velho pescador, acrescenta: "Bem-aventurado és, Simão Barjonas, pois não foi a carne nem o sangue quem to revelou, mas meu Pai que está nos Céus...". (*Mateus*, 16:17.)

Sabemos, portanto, quem é Jesus, pelo testemunho celeste que veio por intermédio de Pedro: é o Cristo, isto é, o ungido, o escolhido, Filho de Deus vivo.

Ungido e escolhido para quê? Qual a missão que lhe foi confiada e quais as relações entre Ele, o Filho, e o Pai celestial?

Jesus mesmo nos esclarece sobre este ponto, quando, ressuscitado, diz a Madalena, que pretende lançar-se aos seus pés e abraçá-lo: "Não me toques, ainda não subi para o meu Pai e vosso Pai, meu Deus e vosso Deus". (*João*, 20:17.) Logo, o Deus de Jesus é o Deus da Humanidade, o Pai comum de todos os homens, sem nenhuma distinção.

Quanto ao compromisso que veio desempenhar neste orbe, nós o vemos claramente através da atitude que Ele assumiu na sociedade terrena. Que fez Jesus? Começou reunindo algumas pessoas simples, arrebanhadas das camadas humildes, e foi-lhes ministrando lições e ensinamentos por meio de parábolas singelas, prédicas e discursos vazados em linguagem popular, cimentando com exemplos edificantes todas as doutrinas que transmitia.

A novidade da sua escola consistia particularmente na divulgação destes princípios: Todos os homens são filhos de Deus, têm todos essa mesma origem. Da paternidade divina, decorre, como corolário natural, a fraternidade humana, isto é, todos os homens são irmãos. Portanto, devem amar-se reciprocamente, agindo em tudo segundo a lei de solidariedade.

No entanto, apesar da clareza, lisura e concisão de tal doutrina, são grandes as dificuldades em torná-la acessível à mente e ao coração humanos.

Verdades tão naturais, duma lógica irretorquível, comprovadas pelo testemunho de fatos incontestes, escritas em caracteres palpitantes no grande livro da Vida, contudo, continuam sendo objeto de controvérsias, discutidas por uns, rejeitadas por outros.

Ora, a missão de Jesus é precisamente comprovar aquele asserto, vencer os obstáculos conquistando a Humanidade. Essa obra, sendo de redenção porque visa libertar o homem dos liames que o prendem à animalidade, cujos vestígios, nele, são patentes, é, por isso mesmo, obra de educação.

Daí por que Jesus arrogou a si a denominação de Mestre, considerando aqueles que o acompanhavam como discípulos. Consignemos que foi o único título com que se adornou, e nenhum outro. Quando, certa vez, o chamaram "bom", retrucou: "Bom, só há um, que é Deus". Quando o disseram rei, repeliu peremptoriamente aquele qualificativo, declarando: "O meu reino não é deste mundo". Apenas quis ser Mestre, e disso fez questão, advertindo os seus discípulos que só a Ele o considerassem como tal. "Eu sou o vosso Mestre", dizia, "a ninguém mais concedais essa prerrogativa."

O papel que cabe ao mestre é educar. Entendemos por educação o desenvolvimento dos poderes psíquicos ou anímicos que todos possuímos em estado latente, como herança havida daquele de quem todos nós procedemos.

Pestalozzi define assim a matéria ora em apreço: Educação é o desenvolvimento harmônico de todas as faculdades do indivíduo.

A instrução, portanto, faz parte da educação, por isso que se refere aos meios e processos empregados no sentido de orientar o indivíduo na aquisição de conhecimentos sobre determinada disciplina. A instrução dirige-se conseguintemente à inteligência. E a educação sob seu prisma intelectual, bem como a ginástica, os exercícios e esportes, criteriosa e convenientemente orientados, resumem o que denominamos "educação física", cuja importância na esfera da higiene está perfeitamente comprovada.

Ao cultivarmos, porém, esta ou aquela faculdade do Espírito, resta que não desdenhemos as demais. A monocultura é desaconselhada em todo e qualquer terreno.

Em matéria educacional, são desastrosos os efeitos da concentração unilateral de esforços visando a determinada cultura em detrimento e com menoscabo das demais.

Verifica-se, em geral, por parte dos pais, uma grande preocupação — até certo ponto muito louvável — sobre a educação dos filhos no que respeita à inteligência. Querem vê-los sobraçando um pergaminho, aureolados por um título que os habilite ao exercício duma profissão distinta, a qual, não só lhes assegure a independência econômica — o que importa, sem dúvida, em justa aspiração — mas que proporcione, sobretudo, riqueza, fama e glória. O futuro da prole é visto desse prisma utilitário e vaidoso que encerra, segundo semelhante critério, o alfa e o ômega da vida.

Há, evidentemente, uma ilusão nesta maneira de ver e proceder. Somos, nós os pais, vítimas do egoísmo, esse pecado original com que todos nascemos e do qual dificilmente nos vamos desvencilhando. Orgulhamo-nos com o diploma empunhado pelos herdeiros do nosso nome. Queremos vê-los alvo de aplausos e louvores, seja, embora, na órbita dum intelectualismo vazio e estéril. A nossa vaidade sente-se lisonjeada com isso, dando-nos a falsa impressão de havermos cumprido perfeitamente o nosso dever com relação àqueles que a Providência divina nos confiou para que os orientássemos na sua caminhada pela estrada da vida. Não cogitamos, senão perfuntoriamente, daquilo que concerne às qualidades morais, à formação e consolidação do caráter, a direção, em suma, que levará nossos filhos a criarem personalidade própria; não curamos de fazê-los homens de bem, independentes e honestos, com aquele mesmo interesse e afã que empregamos na ilustração do seu intelecto. Preocupamo-nos muito mais com o cérebro do que com o coração. Fazemos tudo para enriquecê-los da sabedoria livresca, deixando-os, às vezes, pobres de sentimentos.

Isto não quer dizer, apressamo-nos em declarar, que nós, os pais, menosprezemos a virtude deixando de reconhecer o valor da educação moral: absolutamente não. O que se dá é que geralmente se imagina que o ser bom, justo e verdadeiro; o ser probo, sincero e amorável não requer aprendizagem. Supomos que tudo isso seja coisa tão natural e comezinha que não constitui matéria de ensino! Imagina-se que essa parte da educação, incontestavelmente a mais excelente, há de efetuar-se por si mesma, à revelia de cuidados, dispensando o aparelhamento requerido para outras modalidades de educação.

Tal o grande erro generalizado que é preciso corrigir. A ideia de geração espontânea é quimérica. Do nada, nada se tira.

Tudo o que germina, germina duma semente. Tudo o que evolve, evolve dum germe ou embrião. Não podemos esperar que aflorem na alma da mocidade qualidades nobres e elevadas sem que, previamente, tenhamos feito ali a sua sementeira.

Honestidade, espírito de justiça, noção do dever são como as artes, e até mesmo os misteres mais simples, virtudes que se adquirem tal como é adquirido o saber neste ou naquele ramo das especulações científicas. Tudo depende de estudo, experiência e tirocínio. As ciências requerem aprendizado.

O saber e a virtude são expressões daquela riqueza inacessível aos estragos da traça, à pilhagem dos ladrões, e que a própria morte não logrará arrebatar, por isso que representa o fruto do trabalho e do esforço próprio e individual. Daí decorre a legitimidade e a inalienabilidade da sua posse.

Os contemporâneos de Jesus, perplexos diante da sabedoria e do poder revelados por Ele, diziam: "Como sabe este letras sem haver aprendido?". Não somos hoje tão ingênuos como os daquela geração, supondo que seja só este meio onde ora nós nos achamos, o único propício para aprender, e que só este planetoide de categoria inferior constitui campo propício para o Espírito atuar e agir desenvolvendo suas incalculáveis e maravilhosas possibilidades. O erro geocêntrico, que fazia da Terra o centro do Universo, passou. Ninguém mais sustenta essa absurdidade. Podemos, pois, firmar este postulado: aquele que revela conhecimento e virtudes, caráter reto e íntegro, conquistou-os, aqui ou alhures, não importa onde, nem quando: constata-se o fato.

O patrimônio científico, como o moral, é sempre resultado da educação. A sementeira do bem e da verdade, do amor e da justiça, nunca se perde. Sua germinação pode ser imediata ou remota, porém jamais falhará. A obra da redenção humana é obra de educação. Jesus é o divino educador. Ele crê piamente na eficiência dessa obra, à qual consagrou a sua vida. Sim, Jesus nos deu a sua vida, não só no sentido do sacrifício cruento pela causa da nossa redenção, como na acepção de votar-se, de dedicar-se continuamente ao desempenho de tão ingente encargo. E de que maneira vem ele se desobrigando dessa incumbência? Ensinando, influindo e atuando na alma humana, através dos Espíritos de luz incorporados à Igreja triunfante que, do Alto, Jesus dirige. E o que ensinou e continua ensinando o excelso Mestre? Que diga por nós a eloquência do inolvidável tribuno sacro, o grande Antônio Vieira em *Sermão de todos os Santos*:

> [...] vindo a Sabedoria divina em pessoa, e descendo do Céu à Terra a ser Mestre dos homens, a nova cadeira que instituiu nesta grande universidade do mundo, e a ciência que professou foi só ensinar a ser bom e justo, santo, numa palavra, e nenhuma outra.

A Retórica deixou-a aos Tullios e aos Demóstenes; a Filosofia, aos Platões e aos Aristóteles; as Matemáticas, aos Ptolomeus e aos Euclides; a Medicina, aos Apolos e aos Esculápios; a Jurisprudência, aos Eolões e aos Licurgos, e, para si, tomou só a ciência de salvar e fazer santos [tornar bons os homens].

Eis aí a matéria, a disciplina que ainda não aprendemos. Sem o seu conhecimento não solucionaremos os nossos problemas, tanto do presente como do futuro. Duvidar, descrer dessa ciência e dessa arte que se chama educação, arte e ciência que têm por fim transformar o indivíduo, é negar a evidência da evolução, essa lei incoercível, fartamente comprovada em todos os planos da Natureza, em todas as fases da Vida no seu curso infinito e progressivo.

Fora da educação, dessa educação que se transmuda em cada indivíduo em autoeducação, não há redenção possível. Tudo o mais que se tem propalado neste terreno não passa de pura fantasia. Quando o homem nota e percebe em si mesmo, no seu interior, o influxo da força renovadora da evolução, começa a colaborar conscientemente com Deus na formação da sua própria individualidade. Rui Barbosa, num magistral discurso que pronunciou na Festa do Trabalho, teve esta feliz inspiração: "O Criador", disse ele, "começa e a criatura acaba a criação de si própria. A segunda criação, a do homem pelo homem, assemelha, às vezes, em maravilhas, à mesma criação do homem pelo Divino Criador".

Realmente, é isso precisamente o que se dá. O homem é coautor dessa entidade misteriosa que é ele mesmo. Nascemos de Deus, fonte inexaurível da Vida, e renascemos todos os dias, em nós mesmos, através das transformações por que passamos mediante a influência da autoeducação, cumprindo-se assim aquele célebre imperativo de Jesus: "Sede perfeitos como o vosso Pai celestial é perfeito".

A confusão ora reinante na sociedade resulta do descaso a que se tem votado tão magna questão. Os males que flagelam a Humanidade contemporânea procedem da descrença, do ceticismo e da falta de confiança na eficiência da educação moral. O mundo está em crise, crise de dignidade. Desta, se originam as outras. Não é de sábios que carecemos. Os problemas da inteligência estão, por assim dizer, resolvidos, conforme atesta o surto imenso de progresso material atingido. Não obstante, o momento que atravessamos é dos mais angustiosos. Os grandes financistas e economistas não solucionam o problema do pão. Os estadistas de renome não resolvem satisfatoriamente o problema político. Os sociólogos de alta envergadura mostram-se impotentes diante dos problemas sociais tais como o pauperismo, o crime, o vício e a enfermidade. Por quê? Certamente porque lhes falta a percepção íntima das grandes realidades da Vida, dessa Vida que não começa no berço nem termina no túmulo; percepção que só se alcança através do culto sincero da verdade; que só se aprende sondando os arcanos da consciência e auscultando a sua voz; que só se logra no estudo e na meditação da ciência da moral, que é a ciência do coração.

Não é de conhecimentos que precisam os homens da atualidade, responsáveis pela situação aflitiva dos dias que correm: é de sentimento!

Inteligência desenvolvida e culta, desacompanhada do senso moral, constitui sério perigo para a sociedade. Os grandes males que convulsionam o mundo não procedem dos analfabetos e dos ignaros, elementos mais ou menos inconscientes que agem como instrumentos; que não dispõem de meios e recursos para levarem a cabo as empresas maléficas de exploração, de escravatura e de opressões. São as inteligências cultas e traquejadas, sem moralidade e sem fé, divorciadas do verdadeiro sentimento religioso, que urdem e executam os planos diabólicos de usurpação de direitos, de espoliações e de tirania das consciências.

Todos sabem disso. É um fato que ninguém contesta. Mas não basta sabermos, é preciso agirmos. Conhecer a origem dos males que nos afetam não é tudo: é necessário atacá-los no seu reduto, desalojá-los para vencê-los. Não nos iludamos, pois: devemos cuidar da educação do nosso coração com o mesmo interesse e esmero que cuidamos do nosso cérebro. Se é vergonhosa a ignorância intelectual, mais ainda é a ignorância moral. Nem todos podem ser sábios, mas todos podem ser bons. A bondade também é força, e a mais poderosa e fecunda de todas, porque é força que constrói, é força que edifica. É com ela que removeremos os obstáculos e as pedras de tropeço do caminho da nossa evolução, na conquista de todos os bens, na escalada às regiões luminosas onde a Vida é eterna, e o amor, sem restrições nem intermitências, reina em todas as almas. Ó vós que sois pais, lembrai-vos da vossa responsabilidade como mentores dos vossos filhos. Ó vós que sois preceptores e mestres, pesai bem o compromisso que assumis no desempenho da tarefa a que vos dedicais. Pais e mestres, cerrai fileiras dando as mãos uns aos outros, como legítimos expoentes do lar e da escola, as duas colunas em que a sociedade se apoia, os dois templos augustos, os dois santuários onde se exerce o verdadeiro sacerdócio.

SURSUM CORDA![1] Elevemo-nos acima das vulgaridades da época. Desembaracemo-nos das farandolagens do

---

[1] Coração ao Alto!

homem velho. Enverguemos a túnica do homem novo, do homem do futuro. Renasçamos para o porvir que será o resultado do labor presente. Sacudamos o pó da estrada percorrida. Abandonemos, de vez, as superstições e as utopias com respeito à nossa redenção. Sem educação porfiada, paciente e perseverante nada conseguiremos de positivo na obra da emancipação espiritual. Não é com pílulas e xaropes que se resolve o problema da saúde: é com higiene, no seu sentido amplo e lato. Não será com as consolidadas paulistas ou mineiras nem com as loterias que equilibraremos as nossas finanças avariadas: há de ser com trabalho e economia. Não é com maquilagens e artifícios semelhantes que alcançaremos beleza e relativo prolongamento da mocidade: é obedecendo e respeitando a Natureza, cultivando bons costumes, hábitos honestos e pensamentos puros. Não é, finalmente, esposando crendices e condescendendo com preconceitos, rituais e cerimônias cuja essência se desfaz ao sopro do raciocínio, que lograremos a nossa salvação: é pela obra da autoeducação exercida com perseverança, sem esmorecimentos, com decidida vontade de nos espiritualizarmos, de nos aperfeiçoarmos continuamente.

Façamos ponto, citando as palavras autorizadas de Léon Denis sobre este momentoso assunto:

"Como a educação da alma é objeto da Vida, importa em resumir seus preceitos em palavras: aumentar tudo quanto for intelectual e elevado. Lutar, combater, sofrer pelo bem dos homens e dos mundos. Iniciar seus semelhantes nos esplendores do verdadeiro e do belo. Amar a Verdade e a Justiça, praticar para com todos a caridade, a benevolência — tal o segredo da felicidade presente e futura, tal o dever, tal é a fé que Cristo legou à Humanidade".

"O problema do Brasil", disse o saudoso e humanitário facultativo Dr. Miguel Couto, "é um só: Educação."

Parodiando o ilustre cientista patrício, diremos nós: Esse problema não é só do Brasil, é da Humanidade. Sendo o de cada um de nós, é o problema de todos, é o problema universal, por isso que é mediante a autoeducação que se processa a evolução dos seres livres, conscientes e racionais.

3
Um só problema e uma só solução

Educação é, em síntese, evolução individualizada, processando-se, conscientemente, com a cooperação do próprio indivíduo. É a lei universal adequando-se ao homem com a sua aquiescência mesma, na sublime aspiração de colaborar com Deus no aperfeiçoamento pessoal, através do que se denomina autoeducação.

Assim sendo, estamos em face do supremo problema da vida, pois se trata da chave mediante a qual todos os demais serão solucionados, e, sem o concurso dele, nada se resolverá satisfatoriamente.

Daí a razão dos fracassos que se vêm verificando através de todos os tempos no que concerne às medidas e aos processos empregados em tudo que se prende à reforma da sociedade. Todas as questões pertinentes àquele objetivo continuam inalteradas, a despeito dos esforços empregados pelos dirigentes e pelos técnicos especializados em Sociologia, Psicologia, Política, Economia e outras tantas disciplinas do escolasticismo vigente.

Toda a forma política é boa em mãos de homens cônscios de seus deveres e responsabilidades. Nenhuma delas presta quando manejada por indivíduos inescrupulosos e desonestos. As melhores Constituições, as leis mais sábias, visando assegurar os direitos e o bem-estar dos povos, nada representam se as rédeas do poder se acham no domínio de demagogos impudicos cujos objetivos sejam locupletar-se da posição que ocupam e da força de que ocasionalmente dispõem.

Leis luminosas e justas, dependendo da interpretação e aplicação de políticos corruptos, tornam-se inócuas e inoperantes no sentido do bem coletivo; pois até mesmo dispositivos e postulados inexpressivos e obsoletos, sob o critério de pessoas sensatas e conscienciosas, podem assegurar a felicidade de um povo e o renome de uma nação.

O mesmo sucede com respeito às religiões. Em qualquer hipótese e circunstância, não são as leis, as formas e os códigos que promovem e garantem a estabilidade das instituições e a justiça social, mas sim os seus executores. Tudo depende do homem e não do jogo dos regulamentos e do emaranhado de dispositivos, regras e artigos metodicamente colecionados. Tudo se burla, torce e se mistifica, menos o caráter íntegro, estruturado e consolidado mediante esforços e lutas consumadas conscientemente com aquele propósito.

A reforma social, em todo o sentido e sob todos os aspectos, será a soma das reformas individuais, ou não passará de utopia, de quimera explorada pelos fariseus de alto e baixo coturno.

A vida tem uma finalidade clara e positiva, que é a evolução. Esta se processa nos seres conscientes e responsáveis mediante renovações íntimas, constantes e progressivas. Semelhante fenômeno denomina-se Educação.

Fora, pois, da educação que se transforma em autoeducação quando o indivíduo a imprime em si mesmo, não existe solução para os problemas da vida, quer considerada individualmente ou em relação à coletividade humana.

Por isso, a obra de redenção, encarnada pelo Divino Mestre, é OBRA DE EDUCAÇÃO. Por essa razão, também, o Mais Alto assim se pronuncia: "Mais humano e cristão é premunir contra o mal os nossos semelhantes, acendendo-lhes no espírito o facho da educação, que instrui, consola, melhora e fortalece, do que deixá-los penar na cegueira primitiva, reservando-nos para oferecer-lhes mais tarde o grabato do hospital, ou impor aos rebeldes a moralização cruciante da penitenciária".

4
Evolução e educação

Educar é tirar do interior. Nada se pode tirar de onde nada existe. É possível desenvolver nossas potências anímicas, porque realmente elas existem no estado latente. A evolução resulta da involução. O que sobe da Terra é o que desceu do céu.

A diferença entre o sábio e o ignorante, o justo e o ímpio, o bom e o mau, procede de serem, uns, educados, outros não. O sábio se tornou tal, exercitando com perseverança os seus poderes intelectuais. O justo alcançou santidade cultivando com desvelo e carinho sua capacidade de sentir. Foi de si próprios que eles desentranharam e desdobraram, pondo em evidência aquelas propriedades, de acordo com a sentença que o Divino Artífice insculpiu em suas obras: "Crescei e multiplicai".

A verdade não surge de fora, como em geral se imagina: procede de nós mesmos. "O Reino de Deus (que é o da verdade) não se manifestará com expressões externas, por isso que o Reino de Deus está dentro de vós." Educar é extrair do interior e não assimilar do exterior. É a verdade parcial, que está em nós, que se vai fundindo gradativamente com a verdade total que a tudo abrange. É a luz própria, que bruxuleia em cada ser, que vai aumentando de intensidade à medida que se aproxima do Foco Supremo, donde proveio. É a vida de cada indivíduo que se aprofunda e se desdobra em possibilidades quanto mais se identifica ele com a Fonte Perene da Vida Universal. "Eu vim a este mundo para terdes vida, e vida em abundância."

O juízo que fazemos de tudo quanto os nossos sentidos apreendem no exterior está invariavelmente de acordo com as nossas condições interiores. Vemos fora o reflexo do que temos dentro. Somos como a semente que traz seus poderes germinativos ocultos no âmago de si própria. As influências externas servem apenas para despertá-los.

Educar é evolver de dentro para fora, revelando, na forma perecível, a verdade, a luz e a vida imperecíveis e eternas, por isso que são as características de Deus, a cuja imagem e semelhança fomos criados.

5
O problema do destino

O problema do nosso destino não se reduz a evitar pseudocastigos e obter imaginárias recompensas, neste ou noutros mundos. Semelhante conceituação é de cunho genuinamente egoísta.

Ora, aquele problema, que tão de perto nos afeta, só pode ser solucionado mediante o cultivo do sentimento oposto, que é o amor.

Para vivermos bem, precisamos ter uma certa compreensão da finalidade da vida. Essa finalidade é o amor. Os tropeços e percalços, as refregas e as lutas, a dor sob seus multiformes aspectos, como também os prazeres e triunfos mais ou menos efêmeros que logramos alcançar, são ensinamentos e experiências, são processos educativos, geralmente mal-interpretados, os quais têm por escopo conduzir-nos ao amor, portanto, à finalidade da vida.

O "porquê" da vida é o amor, e o "porquê" do amor é Deus. A vida leva ao amor, e o amor conduz a Deus. Essa trajetória chama-se evolução. Evolução é renovação. A parte individual que nela tomamos denomina-se educação, ou melhor, autoeducação.

Uma vez descoberto esse objeto, o destino vai-se cumprindo, desde então conscientemente; e nós, longe de embaraçarmos o seu curso natural, como ora sói acontecer, dar-lhe-emos todo o nosso apoio a fim de que o mesmo se consuma, na eternidade do tempo e na infinidade universal.

Esclarecido assim o senso da vida, teremos desvendado o mistério do destino, encontrando, a seu turno, a desejada felicidade.

6
A meta atingida

Jesus, o Mestre, nos legou a mais positiva prova de fé no poder da educação. O seu sacrifício a prol da redenção da Humanidade encerra essa prova. Se Ele não alimentasse a crença firme e inabalável na conversão do mau, na iluminação interior do ignorante, numa palavra, na redenção humana, por certo não se teria consagrado a essa causa, renunciando-se a si próprio até o extremo do sacrifício cruento no patíbulo da cruz.

E, notemos bem, sua fé, nesse particular, é integral conforme se depreende deste solene imperativo dirigido aos seus discípulos: "Sede perfeitos como vosso Pai celestial é perfeito".

Como vemos, não se trata de uma modificação parcial ou relativa, porém contínua e progressiva demandando a perfeição suprema.

Muito tem custado fazer a cristandade compenetrar--se desta verdade a respeito da missão do Filho de Deus. O dia, porém, que tal evidência se fizer sentir no coração e na mente dos cristãos, a meta, visada há vinte séculos pelo Excelso Mestre, terá sido atingida.

Eis como um grande pensador compreende e define o que seja a educação:

"Que mais é a educação senão a arte de transformação ordenada e progressiva da personalidade, arte que, depois de residir na escola em um poder alheio passa ao cuidado próprio e que, plenamente compreendida nesta segunda fase do seu desenvolvimento, se estende desde o retoque de uma linha, desde a modificação de uma ideia, um sentimento e um hábito, até as reformas mais vastas e profundas, até as plenas conversões que, à maneira de Saulo de Tarso, imprimem à vida inteira novo sentido, nova orientação e como que apagam dentro de nós a alma que havia e criam uma outra alma? Arte soberana, em que se resume toda a superioridade da nossa natureza, toda a dignidade do nosso destino, tudo que nos eleva sobre a condição da coisa ou do animal; arte que nos converte, não em escravos da Fatalidade, porque isso não é próprio de homens, nem o foi dos deuses, mas sim em rivais dela, depois de alcançar que deixemos de ser seus escravos.

"As grandes existências em que a vontade subjuga e plasma o material da natureza com obediência a um modelo que resplandece sempre no espírito são reais obras de arte, produtos de uma habilidade superior, à que a substância humana se rende, como a palavra ao metro, a pedra à escultura, a cor à tela. Assim em Goethe, a obra da própria vida parece uma estátua em que o tenaz e rítmico esforço da vontade, firme como cinzel com ponta de diamante, esculpe um ideal de perfeição, serena, nobre e harmônica".

Haverá, acaso, descrição mais exata e real da obra da redenção humana — personificada no Filho de Deus — do que seja essa acima transcrita como obra de educação?

Os verdadeiros sacerdotes do Cristianismo de Jesus não são, portanto, os que se dedicam às cerimônias e aos ritualismos do culto externo, mas sim os *educadores*, cônscios do seu papel, que procuram, pela palavra e pelo exemplo, despertar os poderes internos, as forças espirituais latentes dos seus educandos.

Tais são, de fato, os continuadores e colaboradores da divina missão do Mestre Nazareno.

E só assim a meta será atingida.

7
Renovemos nossa mente

"*O homem bom tira coisas boas do bom tesouro de seu coração; e o homem mau tira coisas más do mau tesouro de seu coração.*"

(MATEUS, 12:35.)

Coração, no caso vertente, não é o órgão que exerce as funções de uma bomba impelindo o sangue na irrigação geral do nosso corpo.

Trata-se da natureza dos pensamentos e dos sentimentos que nosso espírito irradia, isto é: do estado de nossa mente; das visões, das imagens que cria e desenvolve; do modo e da maneira com que ela discerne e ajuíza de tudo que vemos, de tudo que cai sob o domínio da nossa percepção.

Da boa ou má função da mente depende a boa ou má direção que tomamos no caminho da vida; o bom ou mau juízo que emitimos a propósito de todas as coisas; os bons ou os maus atos que praticamos.

Os nossos destinos estão na dependência direta da nossa mente: serão fatalmente o que ela determinar que sejam. O primeiro passo, portanto, a dar, na obra de nossa salvação, deve constar do estudo meticuloso da nossa mente. Que espécie de pensamentos engendramos? Que gênero de visões e de imagens nossa mente se compraz em acalentar? Como costumamos julgar os atos dos nossos semelhantes? Que juízo fazemos de Deus e de sua justiça, do amor e do dever? Que é que de preferência nos afeta mais profundamente? Em suma, qual o nosso ideal?

Tal é, em resumo, o problema da vida. Nada conseguiremos no sentido de nossa melhoria e de nosso progresso, sob qualquer aspecto, enquanto não prestarmos acurada atenção às condições de nossa mente. Não haverá reforma possível em nosso caráter, sem que previamente se tenha verificado uma mudança em nossa mente.

O grande Paulo, profundo conhecedor da psicologia da evolução espiritual, assim escrevia aos romanos (*Romanos*, 12:1 e 2): "Rogo-vos, pois, irmãos, pela compaixão de Deus, que apresenteis os vossos corpos como um sacrifício vivo, santo e agradável a Deus; pois em tal importa o culto racional; e não vos conformeis com este mundo, mas transformai-vos pela renovação da vossa *mente*, para que saibais qual é a boa, agradável e perfeita vontade de Deus".

A doutrina de Paulo é, portanto, a reprodução da de Jesus. Paulo empregou a palavra *mente*, e Jesus usou o termo *coração*.

A fonte de todo o bem é por sua vez a fonte de todo o mal. É do coração ou da mente que procedem os pensamentos pecaminosos, o orgulho, o ódio, a inveja, o ciúme, as contendas, o dolo, a corrupção, a avareza. Da mesma sorte, é do coração, é da mente que afloram os ideais puros e elevados, a palavra convincente e sincera, a virtude enfim sob os vários aspectos em que ela se desdobra.

A obra de nossa redenção depende, em síntese, da reforma de nossos corações, ou, na palavra de Paulo, da renovação da nossa mente. Devemos, pois, cultivá-la, extirpando dela todas as formas de egoísmo, para dar lugar à frutificação das múltiplas modalidades do amor. Tudo o mais que se pretenda fazer, fora desse trabalho de autoeducação da mente, não passa de um erro religioso, e de uma superstição.

8
A natureza humana

Um erro psicológico de funestas consequências domina a ortodoxia oficial. Pretendem que o homem seja visceralmente mau, intrinsecamente perverso e, por natureza, corrupto.

Semelhante conceito é adotado, salvo raras exceções, por sociólogos, juristas, escritores, filósofos, cientistas e, o que é de admirar, pela clerezia de vários credos religiosos. Que os materialistas façam tal conceito do homem, compreende-se; mas que sejam acompanhados pelos crentes e até pelas autoridades das religiões deístas é inominável, inconcebível quase.

Como é possível que o homem, criado à imagem e semelhança de Deus, seja visceralmente mau? Como se compreende que o Supremo Arquiteto haja produzido obras intrinsecamente imperfeitas e defeituosas? Semelhante despautério precisa ser combatido. Lavremos, em nome da fé que professamos, veemente protesto contra a tremenda heresia.

O homem é obra inacabada. Entre obra inacabada e obra defeituosa vai um abismo de distância. Os Espíritos trazem consigo os germes latentes do bem e do belo. A centelha divina, oculta embora, como o diamante no carvão, refulge em todos eles. O mal que no homem se verifica é *extrínseco* e não *intrínseco*. No seu íntimo cintila o divinal revérbero da face do Criador. Os defeitos, senões e falhas são frutos da ignorância, da fraqueza e do desequilíbrio de que a Humanidade ainda se ressente. Removidas tais causas, a decantada corrupção humana desaparecerá.

Deus não cria Espíritos como os escultores modelam estátuas. As obras de Deus são vivas, trazem em si mesmas as possibilidades de autodesenvolvimento. A vida implica movimento e crescimento. "Em cada átomo do Universo está inscrita esta legenda: para a frente e para o Alto." Os atributos de Deus estão, dadas as devidas condições de relatividade, palpitando em cada criatura. Apelando-se para as faculdades profundas do Espírito, logra-se o despertar da célica natureza que nele dorme, atestando a origem donde proveio.

O problema do mal resolve-se pela educação, compreendendo-se por educação o apelo dirigido aos potenciais do espírito. Educar é salvar. Através do trabalho ingente da educação, consegue-se transformar as trevas em luz, o vício em virtude, a loucura em bom senso, a fraqueza em vigor. Tal é em que consiste a conversão do pecador.

Jesus foi o maior educador que o mundo conheceu e conhecerá. Remir ou libertar só se consegue educando. Jesus acreditava piamente na redenção do ímpio. O sacrifício do Gólgota é a prova deste asserto. Conhecedor da natureza humana em suas mais íntimas particularidades, Jesus sabia que o trabalho da redenção se resume em acordar a divindade oculta na psique humana.

Sua atuação se efetuou sempre nesse sentido. Jamais o encontramos abatendo o ânimo ou aviltando o caráter do pecador, fosse esse pecador um ladrão confesso, fosse uma adúltera apupada pela turbamulta. "Os sãos não precisam de médicos, mas sim os doentes"; tal o critério que adotava. Invariavelmente agia sobre algo de puro e de incorruptível que existe no Espírito do homem.

Firmado em semelhante convicção, sentenciava com autoridade: "Sede perfeitos, como vosso Pai celestial é perfeito". Esta sentença só podia ser proferida por quem não alimentava dúvidas sobre os destinos humanos. Interpelado sobre a vinda do Reino de Deus, retruca o Mestre: "O Reino de Deus não virá sob manifestações exteriores; porque o Reino de Deus está dentro de vós". O apóstolo das gentes, inspirado em idêntico conceito a respeito do homem, proclama igualmente: "O templo de Deus, que sois vós, é santo. Ignorais, acaso, que sois santuários de Deus, e que o Espírito divino habita em vós?".

O mal é uma contingência. Em realidade significa apenas ausência do bem, como as trevas representam somente ausência de luz. O mal e a ignorância são transes ou crises que o Espírito conjurará fatalmente, mediante o despertar de suas forças latentes. A prova cabal e insofismável de que a natureza íntima do homem é divina, e, por conseguinte, incompatível com o mal, está na faculdade da consciência. Que é a consciência, na acepção moral, senão o "divino" cuja ação se faz sentir condenando o mal e aplaudindo o bem? Por que razão o homem jamais consegue iludir ou corromper a consciência própria? Ele pode, no uso do relativo livre-arbítrio que frui, desobedecer-lhe, agir em contrário aos seus ditames, porém nunca abafará seus protestos, nunca conseguirá fazê-la conivente de iniquidades e crimes. A consciência é o juiz íntegro cuja toga não se macula, e cuja sentença ouviremos sempre, quer queiramos, quer não, censurando nossa conduta irregular.

Esse juiz, essa voz débil, mas insopitável, é a centelha divina que refulge através da escuridão de nossa animalidade, é o diamante que cintila a despeito da negrura espessa do rude invólucro que o circunda.

O maior bem que se pode fazer ao homem é educá-lo. Os educadores, cientes e conscientes de seu papel, são os verdadeiros benfeitores da Humanidade. Cooperar pela ressurreição do Espírito é proporcionar-lhe o sumo bem; nada mais valioso se lhe pode fazer. Tal a missão do Cristo de Deus neste mundo. Por esse ideal Ele se deu em holocausto no patíbulo da cruz.

A Humanidade precisava de um modelo, de uma obra acabada que refletisse em sua plenitude a majestade divina. Esse arquétipo nos foi dado no Filho de Deus. Os modelos devem ser imitados. Para isso se destinam. Assim compreendia Paulo de Tarso, consoante se infere desta sua asserção: "...tendo em vista o aperfeiçoamento dos santos (crentes) até que todos cheguemos à unidade da fé e do pleno conhecimento do Filho de Deus, a estado de homem feito, à *medida da estatura da plenitude* do Cristo".

A larga parábola que temos a percorrer em demanda do Modelo é obra de educação, educação que se transforma em autoeducação.

Kant, o filósofo, assim compreende a educação: "Desenvolver no indivíduo toda a perfeição de que ele é suscetível: tal o fim da educação".

Pestalozzi, o pedagogista consumado, diz: "Educar é desenvolver progressivamente as faculdades espirituais do homem".

John Locke, grande preceptor, se expressa desta maneira sobre o assunto: "Educar é fazer Espíritos retos, dispostos a todo momento a não praticarem coisa alguma que não seja conforme à dignidade e à excelência de uma criatura sensata".

Lessing, autoridade não menos ilustre, compara a obra da educação à obra da revelação, e diz: "A educação determina e acelera o progresso e o aperfeiçoamento do homem".

Fröbel, o criador do *Kindergarten* (Jardim de Infância), afirmava que em toda criança existe a possibilidade de um grande homem.

Denis, o incomparável apóstolo do Espiritismo, proferiu esta frase lapidar: "A educação do Espírito é o senso da vida".

Diante do que aí fica, será preciso acrescentar que o objetivo da Religião é educar o Espírito? "Se o sal tornar-se insípido, para que servirá?"

Como Jesus, os educadores, dignos de tal nome, creem firmemente na reabilitação dos maus. Os novos apóstolos do Cristianismo não virão dos seminários, mas do magistério bem compreendido e melhor sentido.

*

Perniciosas e desastrosas têm sido as consequências decorrentes do falso conceito generalizado sobre o caráter humano. Tal vesânia gerou o pessimismo que domina a sociedade.

O vírus que tudo polui e conspurca é, a seu turno, outro efeito oriundo da mesma causa. Que pretendem os industriais da cinematografia exibindo películas dissolventes e até indecorosas? E os literatos e romancistas abarrotando as livrarias de obras frívolas, enervantes e imorais? E o empresário teatral com suas comédias corriqueiras, impudicas, eivadas de obscenidades? E os musicistas com seus *jazzes*, foxtrotes e maxixes? E os costureiros e modistas com sua indumentária que peca pela falta de decência e decoro? Todos eles, convencidos de que a natureza humana é essencialmente corrupta, estão atuando através da corrupção. Visando a lucros, imaginam que o meio mais seguro de êxito seja aquele. No entanto, se o cinema se transformasse de escola do vício em escola da virtude, deixaria de existir por isso? Respondemos pela negativa, sem titubear. Teria concorrência melhor e maior, como há leitores para os bons livros, como há apreciadores da arte pura.

A falsa ideia de que o êxito na cinematografia, nas artes, na indústria e no comércio só se alcança acoroçoando a maldade e a ignorância humana, é um estrabismo herético e execrável. A Teologia tem sustentado esse erro pernicioso, através dos séculos, pela palavra de seus corifeus, prejudicando seriamente a evolução da Humanidade. A Pedagogia, em seu glorioso advento, vai destroná-la desembaraçando a mente humana dessa pedra de tropeço.

A verdade está com a Pedagogia. Com a Teologia, o caos, a confusão, as trevas. Com a Pedagogia está o otimismo sadio, alegre e forte.

9
Jesus, o Mestre

Jesus curou cegos de nascença, surdos-mudos, epilépticos, hidrópicos, doidos e lunáticos, paralíticos, reumáticos e leprosos; sarou, finalmente, enfermos de toda casta que a Ele recorreram em busca do maior bem temporal — a saúde. No entanto, jamais o Senhor pretendeu que o dissessem médico, ou clínico.

Jesus frequentava o templo e as sinagogas onde atendia aos sofredores e ensinava ao povo as verdades eternas, mas nunca se inculcou levita ou sacerdote.

Jesus predisse com pormenores e particularidades o cerco, a queda e a ruína de Jerusalém; como essa, fez várias outras profecias de alta relevância. Penetrava o íntimo dos homens, devassando-lhes os arcanos mais secretos, porém não consta que pretendesse as prerrogativas de vidente ou de profeta.

Jesus realizou maravilhas, tais como: alimentar mais de cinco mil pessoas com três pães e dois peixes; acalmar tempestade, impondo inconcebível autoridade às ondas revoltas do oceano. Ressuscitou a filha de Jairo, o filho da viúva de Naim e, também, Lázaro, sendo que este último já estava sepultado havia quatro dias. Transformou água em vinho nas bodas de Caná da Galileia, e muitos outros prodígios operou, não pretendendo, apesar disso, que o considerassem milagreiro ou taumaturgo.

Jesus aclarava as páginas escriturísticas, fazendo realçar, da letra que mata, o espírito que vivifica, mas não se apresentou como exegeta ou ministro da palavra.

O único título que Jesus reclamou para si, ainda que fizesse jus às mais excelentes denominações honoríficas que possamos imaginar, foi o de "mestre". Esse o título por Ele reivindicado, porque, realmente, Jesus é o Mestre excelso, o Educador incomparável.

Sua fé na obra da redenção humana, mediante o poder incoercível da educação, acordando as energias espirituais, é inabalável, é absoluta. Tão firme é a sua crença na regeneração dos pecadores, na renovação de nossa vida, que por esse ideal se ofereceu em holocausto.

Educar é remir. O Filho de Deus deu-se em sacrifício pela causa da liberdade humana. A cruz plantada no cimo do Calvário não representa somente a sublime tragédia do amor divino: representa também o símbolo, o atestado da fé viva e inabalável que Jesus tem na transformação dos corações, na conversão de nossas almas. "Quando eu for levantado no madeiro, atrairei todos a mim..." — asseverou Ele. *Todos*, notemos bem; não uma parcela, mas a *totalidade*. Vemos por aí como é radical a sua confiança, a sua crença na reabilitação dos culpados, através da educação.

Sim, da educação, dizemos bem, porque só um título Jesus reclamou, chamando-o a si, e o fez sem rodeios, sem rebuços, nem perífrases, antes com a máxima franqueza e toda a ênfase: o título de Mestre. Dirigindo-se aos seus discípulos, advertiu-os desta maneira: "Um só é o vosso mestre, a saber — o Cristo. Portanto, a ninguém mais chameis mestre senão a mim".

Jesus rejeitou o cetro, o trono, a realeza, alegando que o seu reino não é deste mundo. Dispensou, igualmente, a glória e as honras terrenas; um só brasão fez questão de ostentar: ser mestre, ser educador. É significativo!

"Eu sou a luz do mundo, sou a verdade, sou o pão que desceu do Céu" — proclamou o Senhor. Esparzir luzes, revelar a verdade, distribuir o pão do Espírito — tal a obra da educação, tal a missão do Redentor da Humanidade.

Que dúvida poderá restar a nós outros, neocristãos, sobre o rumo que deve tomar a nossa atividade, uma vez que o advento do Espiritismo é o do Consolador prometido? Que outra forma poderemos dar ao nosso trabalho, que seja tão eficaz, tão profícua e benéfica à renovação social, como aquela que se prende à educação, no seu sentido lato e amplo?

Trabalhemos, pois, com ardor e entusiasmo pela causa da educação da Humanidade, começando pela infância e pela juventude desta terra de Santa Cruz.

10
Educar

Na maneira de conduzir a obra da educação, está a chave do problema cuja solução o momento atual da Humanidade reclama.

Não há duas correntes de opinião quanto ao valor da educação. Todos a reconhecem e a proclamam como medida salvadora. Porém, há divergência no que respeita ao modo de educar. Existem dois processos de educação: um, falso, que mascara a ignorância; outro, verdadeiro, que realmente conduz ao saber. Um que age de fora para dentro, outro que atua de dentro para fora. Um, artificial, ora maquiavelicamente empregado para confundir; outro, natural, cujo alvo é esclarecer, libertar e aperfeiçoar o homem.

O ensino por autoridade, impondo princípios e doutrinas, avilta o caráter e neutraliza as melhores possibilidades individuais. Cria a domesticidade e a escravatura espiritual, regime ignóbil onde se estiolam as mais nobres aspirações e onde se oficializam a hipocrisia, o vício e o crime.

O ensino por autoridade é a educação às avessas. oblitera a mente, ofusca a inteligência, ensombra a razão, atrofia a vontade, mecaniza e anquilosa a alma do educando.

O ensino que se funda no processo de despertar os poderes latentes do Espírito é o único que realmente encerra e resolve o problema da educação.

Baseando-se o ensino no apelo constante à razão e ao bom senso, gera-se a confiança própria, estimula-se a vontade, esclarece-se a mente — numa palavra — consegue-se que o educando faça a independência própria em todo o terreno, o que representa a verdadeira nobreza de caráter.

A educação, segundo o processo natural, conduz fatalmente o educando à liberdade, faz dele um homem que pensa, sente e age por conta própria. O educando, orientado como deve ser, não será um repositório de conhecimentos acumulados na memória; há de ser um poder aquisitivo capaz de se enfronhar prontamente em qualquer assunto ou matéria consoante requeiram as necessidades do momento. Nada o embaraçará, nenhuma pedra de tropeço o mobilizará no carreiro da vida. Não sendo um armazém de teorias e de regras estreitas hauridas de oitiva, é uma potência dinâmica capaz de penetrar todos os meandros do saber e de solucionar os mais intrincados problemas da vida, desde que a questão o afete e lhe desperte interesse.

A educação normal cria capacidades, enquanto a artificial gera títeres que vivem a repetir o que ouvem, sem consciência do que fazem. Tais indivíduos são sempre dependentes, imitadores vulgares, parasitas, estratificados.

A educação real organiza sociedades dignas, onde a Ciência, a Filosofia, a moral e as Artes vicejam francamente sob atmosfera favorável; onde há campo vasto para todas as atividades do Espírito e onde todas as aspirações elevadas da alma encontram possibilidades de realização.

A falsa educação promove conglomerados amorfos de indivíduos incapazes, medíocres em tudo, verdadeiros rebanhos que se agitam monotonamente ao sinal do cajado que os tange segundo alheios caprichos.

A educação, tal como deve ser, prepara o indivíduo para a vida como realmente ela é: para os destinos altaneiros que Deus concebeu e tracejou para o Espírito. A educação falsa amolda o indivíduo ao saber de outrem, prepara-o para certas escolas político-sociais ou para servir a determinadas organizações sectárias. Em quaisquer desses meios, a liberdade é um mito em que muito se fala para embair a boa-fé alheia, e onde a escravidão é um fato com todo o seu cortejo de ignomínias.

A submissão incondicional à autoridade, como base de ensino, é ultraje à dignidade humana contra o qual se revolta o nosso século. A geração nova, que ora desponta, jamais poderá tolerá-la, em que pese aos reacionários e ultramontanos de todos os matizes e calibres.

É tempo de se estabelecer a verdade neste particular de tão subida importância. É preciso salvar o mundo, apontando os meios conducentes à realização desse ideal de amor.

A missão do Espiritismo é educar para salvar. Enquanto este fato não penetrar a mente e o coração da maioria dos espíritas, a luz não estará no velador, e o Paracleto ver-se-á embaraçado na tarefa de reivindicar os direitos do Divino Redentor, restaurando o Cristianismo de Jesus, desse Jesus que foi mestre, teve discípulos e proclamou a liberdade do homem mediante a educação racional do Espírito.

Educar: eis o rumo a seguir, o programa do momento.

11
Não julgueis

Acaba de vir às nossas mãos um bem lançado artigo a propósito da sentença que ora nos serve de epígrafe.

Alega-se no aludido artigo que os espíritas, quando no conselho de sentença, costumam absolver sistematicamente os réus.

Ignoramos se realmente tem sido essa a norma de conduta dos espíritas no júri. Quanto a nós, declaramos que, todas as vezes que servimos como juiz de fato, absolvemos, e disso não estamos arrependidos, por isso que entendemos, em consciência, que tais réus deviam ser absolvidos.

No entanto, não pretendemos firmar a doutrina da absolvição incondicional. Casos há em que, para evitar mal maior, seria lícito votar de modo a conservar o acusado recluso, dadas as suas condições de perigo para a segurança social. Assim procedendo, não estaremos *julgando*, mas acautelando a coletividade da qual somos parte integrante.

Demais, que são os criminosos de toda a espécie senão anormais, desequilibrados, enfermos da alma, numa palavra? Faça-se, portanto, com eles o que se faz com os doentes de moléstias infectuosas: segreguemo-los da sociedade a fim de evitar as consequências do mal. Esta medida é razoável, é humana, não há mesmo outra a tomar, uma vez que se preste aos segregados a devida assistência reclamada pelas suas condições.

Não há direitos sem deveres. Se assiste à sociedade o direito de separar os doentes dos sãos, cumpre-lhe o dever inalienável de assisti-los convenientemente.

Não é o criminoso que se deve combater: é o crime em suas várias formas. A Medicina não combate o enfermo, mas a enfermidade, suas causas e origens. Enquanto a questão não for encarada sob este prisma, o crime continuará a proliferar, perturbando a ordem e a paz da sociedade.

Julgar? Quem somos nós para julgar nossos irmãos, se todos somos réus no tribunal de nossas consciências? Fazê-lo em nome da sociedade? Pois é a sociedade mesma, tal como está constituída, a responsável por grande número de crimes que em seu seio se cometem. As piores doenças são fruto do ambiente. Quando o meio é miasmático e deletério, as enfermidades se alastram, tornando-se endêmicas. Tal é a nossa sociedade. A recrudescência do crime é efeito da materialidade e da hipocrisia reinantes no século. A higiene social seria o melhor antídoto contra o vício e o crime.

O Código pelo qual se regem as nações, ditas civilizadas, precisa ser reformado: e sê-lo-á fatalmente. Inspirado no Direito Romano, o Código cogita exclusivamente da aplicação de penas, quando devera curar da higiene da alma.

É natural que se condene ao trabalho o homem afeito à ociosidade, empregando-se processos adequados ao caso, ainda que não deixemos de reconhecer que a mesma inércia e apatia sejam, a seu turno, formas de desequilíbrio psíquico. O homem normal ama o trabalho, não pode permanecer inativo. Como a ociosidade, todos os demais vícios são, no fundo, falhas de caráter, distúrbios de ordem moral. Para corrigi-los, duas medidas se impõem: educação individual e saneamento do ambiente.

Cadeira elétrica, forca e guilhotina não resolvem o problema em questão, como atestam as estatísticas de criminalidade dos países onde aquelas penas vigoram. Eliminar a vida física do criminoso não lhe modifica o caráter, não lhe altera numa linha sequer o nível moral. Não é ao corpo, é ao espírito que cabe a responsabilidade pelos atos delituosos. Despertar-lhe a consciência, elevar o grau de sua sensibilidade moral, eis o único processo eficiente no tratamento de tais enfermidades. Este processo chama-se *educação*.

A sociedade viverá sempre às voltas com os delinquentes, enquanto não cumprir o dever que lhe assiste de educá-los. Até aqui, a sociedade, baseando-se no parecer de criminólogos materialistas, invoca apenas o direito de punir.

Por isso ela também vai *sendo punida*. Há de suportar as consequências do seu erro até que emende a mão. Aliás, já os prenúncios de uma reforma se vão fazendo sentir.

Resta ainda considerar que a única pena que resulta benéfica na regeneração dos criminosos é aquela que dimana naturalmente do próprio crime. Toda penalidade imposta de fora, com caráter de vindita, é contraproducente. Avilta o moral dos fracos e exacerba o ânimo dos fortes; produz, por conseguinte, hipócritas, cínicos e revoltados. Não regenera: corrompe. Só a educação, equilibrando os poderes do espírito, produz resultado prático, eficiente e positivo.

O código materialista deve ceder lugar ao código espiritualista. Este não cogitará de julgar e menos ainda de aplicar esta ou aquela pena como castigo, mas tratará da educação moral, não dessa moral caricata, para uso externo, vazada em moldes ritualísticos, mas da moral evangélica, da moral positiva que se funda nas leis naturais que regem os destinos do espírito.

O Espiritismo vem ensinar à Humanidade a reger-se, não mais pelo código romano, mas pelo código divino que reflete a indefectível justiça e a soberana vontade do Céu!

12
Instrução e educação

É preciso não confundir instrução com educação. A educação abrange a instrução, mas pode haver instrução desacompanhada de educação.

A instrução relaciona-se com o intelecto: a educação com o caráter. Instruir é ilustrar a mente com certa soma de conhecimentos sobre um ou vários ramos científicos. Educar é desenvolver os poderes do espírito, não só na aquisição do saber, como especialmente na formação e consolidação do caráter.

O intelectualismo não supre o cultivo dos sentimentos. "Não basta ter coração, é preciso ter bom coração", disse Hilário Ribeiro, o educador emérito cuja extraordinária competência pedagógica estava na altura da modéstia e da simplicidade que lhe exornam o formoso espírito.

Razão e coração devem marchar unidos na obra do aperfeiçoamento do espírito, pois em tal importa o senso da vida. Descurar a aprendizagem da virtude, deixando-se levar pelos deslumbramentos da inteligência, é erro de funestas consequências.

Sobre este assunto, não há muito, o presidente dos Estados Unidos da América do Norte citou um julgado da Suprema Corte de Justiça de Massachusetts, no qual, entre outros princípios de grande importância, se enunciou o de que "o poder intelectual só e a formação científica, sem integridade de caráter, podem ser mais prejudiciais que a ignorância. A inteligência, superiormente instruída, aliada ao desprezo das virtudes fundamentais, constitui uma ameaça".

Convém acentuar aqui que a consciência religiosa corresponde, neste particular, ao fator principal na formação dos caracteres. Já de propósito usamos a expressão — consciência religiosa — em vez de religião, para que se não confundam ideias distintas entre si. Religiões há muitas, mas a consciência religiosa é uma só. Por essa designação entendemos o império interior da moral pura, universal e imutável conforme foi ensinada e exemplificada por Jesus Cristo. A consciência religiosa importa em um *modo de ser*, e não em um *modo de crer*.

É possível que nos objetem: mas a moral cristã é tão velha, e nada tem produzido de eficiente na reforma dos costumes. Retrucaremos: não pode ser velho aquilo que não foi usado. A moral cristã é, em sua pureza e em sua essência, desconhecida da Humanidade. Sua atuação ainda não se fez sentir ostensivamente. O que se tem espalhado como sendo o Cristianismo é a sua contrafação. Da sanção dessa moral é que está dependendo a felicidade humana sob todos os aspectos.

O intelectualismo, repetimos, não resolve os grandes problemas sociais que estão convulsionando o mundo. O fracasso da Liga das Nações é um exemplo frisante; e, como esse, muitos outros estão patentes para os que têm olhos de ver.

Bem judiciosas são as seguintes considerações de Vieira sobre o inestimável valor da educação sob seu aspecto moral:

"Em todas as ciências é certo que há muitos erros, dos quais nasce a diferença de opiniões; em todas as ciências há muitas ignorâncias, as quais confessam todos os maiores letrados que não compreendem nem alcançam. Pois se veio a Sabedoria divina ao mundo, por que não alumiou estes erros, por que não tirou estas ignorâncias? Porque errar ou acertar em todas as matérias, sabê-las ou não as saber, pouca coisa importa; o que só importa é saber salvar, o que só importa é acertar a ser bom: e isto é o que nos veio ensinar o Filho de Deus. Nem ensinou aos filósofos a composição dos continentes, nem aos geômetras a quadratura do círculo, nem aos mareantes a altura de Leste e Oeste, nem aos químicos o descobrimento da pedra filosofal, nem aos médicos as virtudes das ervas, das plantas e dos mesmos elementos; nem aos astrólogos e astrônomos o curso, a grandeza, o número e as influências dos astros: só nos ensinou a ser humildes, só nos ensinou a ser castos, só nos ensinou a fugir da avareza, só nos ensinou a perdoar as injúrias, só nos ensinou a sofrer perseguições pela causa da justiça, só nos ensinou a chorar e aborrecer o pecado e amar e exercitar a virtude; porque estas são as regras e as conclusões, estes os preceitos e os teoremas por onde se aprende a ser bom, a ser justo, que é a ciência que professou e veio ensinar o Filho de Deus".

*

É de semelhante espécie de ensino que precisam os homens de nossos dias. Todos os problemas do momento atual se resumem em uma questão de caráter: só pela educação podem ser solucionados.

Demasiada importância se liga às várias modalidades do saber, descurando-se o principal, que é a ciência do bem.

Os pais geralmente se preocupam com a carreira que os filhos deverão seguir, deixando-se impressionar pelo brilho e pelo resultado utilitário que de tais carreiras possam advir. No entanto, deixam de atentar para a questão fundamental da vida, que se resolve em criar e consolidar o caráter. Antes de tudo, e acima de tudo, os pais devem curar da educação moral dos filhos, relegando às inclinações e vocações de cada um a escolha da profissão, como acessório.

A crise que assoberba o mundo é a crise de caráter, responsável por todas as outras.

O momento reclama a ação de homens honestos, escrupulosos, possuídos do espírito de justiça e compenetrados das suas responsabilidades.

Temos vivido sob o despotismo da inteligência. Cumpre sacudir-lhe o jugo fascinador, proclamando o reinado do caráter, o império da consciência, da moral e dos sentimentos.

13
O criminoso e o crime

No conceito que geralmente se faz do mal, sob seus vários aspectos, confunde-se o mal, propriamente dito, com aquele que o pratica. Dessa lamentável confusão advêm não pequenos erros de apreciação quanto à maneira eficiente de combater-se o mal.

Para bem agirmos em prol do saneamento moral, precisamos partir deste princípio: o crime não é o criminoso, o vício não é o viciado, o pecado não é o pecador, do mesmo modo e pelo mesmo critério que o doente não é a doença. Assim como se combatem as enfermidades e não os enfermos, assim também se devem combater o crime, o vício e o pecado, e não o criminoso, o viciado e o pecador.

O mal não é intrínseco no indivíduo, não faz parte da natureza íntima do Espírito; é, antes, uma anomalia, como o são as enfermidades. O bem, tal como a saúde, é o estado natural, é a condição visceralmente inerente ao Espírito. Um corpo doente constitui um caso de desequilíbrio, precisamente como um Espírito transviado, rebelde, viciado, ou criminoso.

Há tantas variedades de distúrbios psíquicos quantas de distúrbios físicos, aos quais a Medicina rubrica com variadíssimas denominações. A origem do mal, quer no corpo, quer no espírito, é a mesma: infração das leis de higiene.

O homem frauda essa lei por ignorância, por fraqueza e, finalmente, pelo impulso de certas paixões que o dominam. Não devemos votá-lo ao desprezo por isso, nem, muito menos, malsiná-lo como réprobo, pois, em tal caso, se justificaria tratar-se de igual modo os enfermos.

Aliás, em épocas felizmente remotas, se procedeu assim com relação aos enfermos de moléstias infectuosas. Esses infelizes eram tidos como vítimas da cólera divina e, por isso, perseguidos desapiedadamente pela sociedade.

A ignorância torna os homens capazes de todas as insânias. Pois é essa mesma ignorância, com referência aos transviados da senda nobre da vida, que gera a repulsa e mesmo o ódio contra os delinquentes. Os velhos códigos humanos, assim civis que religiosos, foram vazados nos moldes dessa confusão entre o ato delituoso e o seu agente.

Quando Jesus preconizou o — amai os vossos inimigos; fazei bem aos que vos fazem mal — não proclamou somente um preceito altamente humanitário, proferiu uma sentença profundamente pedagógica e sábia. A benevolência, contrastando com a agressão, é o único processo educativo capaz de corrigir e regenerar o pecador.

Cumpre notar, e o declaramos com toda a ênfase, que nada tem esta doutrina de comum com o sentimentalismo piegas, estéril e, às vezes, prejudicial. Trata-se de repor as coisas nos seus lugares.

Para varrer-se o mal da face da Terra, é preciso que se apliquem métodos naturais, conducentes a esse objetivo. O método natural é a educação do espírito. Com o velho sistema de castigar, ou eliminar as vítimas do crime e do vício, nada se logrará de positivo, conforme os fatos atestam eloquentemente.

A Medicina jamais pensou na eliminação dos enfermos; toda a sua preocupação está em curar as doenças. Pois o processo deve ser o mesmo, em se tratando dos distúrbios que afetam o moral dos indivíduos.

Felizmente, os primeiros pródromos de uma reforma radical neste sentido já se observam nos meios mais avançados. O único castigo capaz de produzir efeito na regeneração dos culpados é o que se traduz pela natural consequência dolorosa do erro ou mal cometido, consequência que recai fatalmente sobre o culpado. É necessário fazer que o delinquente reconheça esse fato, e isto se consegue por meio da instrução moral.

Toda punição imposta de fora, como revide social, é contraproducente, conforme os fatos, em sua irretorquível expressão, têm comprovado mil vezes.

É muito fácil encarcerar ou eletrocutar um criminoso. Educá-lo é mais difícil, mais trabalhoso, demanda esforço, tempo, saber e caridade. Por isso, o Estado manda os criminosos à forca, e as religiões remetem os pecadores, *que não são da sua grei*, para o inferno.

Mas, se aquele é o único processo eficaz, procuremos empregá-lo, e não este, anticientífico, imoral e cruel.

A educação vence e previne o mal. O homem educado conhece o senso da vida, age conscienciosamente com critério, com discernimento: é um valor social. É pela educação que se hão de vencer os vícios repugnantes (haverá algum que o não seja?), que se hão de domar as paixões tumultuárias que obliteram a inteligência e a razão. E, de tal modo, sanear-se-á a sociedade.

Retirem-se os delinquentes do convívio social, como se faz com o pestoso que ameaça a salubridade pública; mas, como a este, preste-se àquele a assistência que lhe é devida: educação.

E não se suponha, outrossim, que só os criminosos devem ser educados. A obra de educação é obra de salvação, é obra religiosa em sua alta finalidade, é obra científica e social em sua expressão verdadeira. Eduquem-se a todos, cada um na sua esfera, até que a educação se transforme, em cada indivíduo, numa autoeducação contínua, ininterrupta.

Na educação do espírito está o senso da vida, está a solução de todos os seus problemas.

14
Sede perfeitos

"Sede perfeitos como vosso Pai celestial é perfeito."

Senhor! quão forte é esse teu imperativo! Pois, então, ser-nos-á dado almejar semelhante perfeição? Não indagas se podemos ou não podemos, se queremos ou não queremos, se a achamos viável ou inviável... ordenas: Sede perfeitos, como vosso Pai celestial é perfeito.

Dar-se-á, acaso, que desconheças nossa fraqueza e nossas condições de inferioridade? Tu, que és o guia e o pastor deste rebanho; que és o Mestre dos ignaros pecadores; que deste provas inequívocas de conhecer o homem em todas as suas mais íntimas particularidades, certamente não te poderias enganar ao proferires aquela sentença, dando-lhe o relevo com que costumas assinalar os teus mais transcendentes ensinamentos.

Tu, que és a luz do mundo, que disseste com a força de uma convicção e de um valor que te são intrínsecos — Eu sou o Caminho, a Verdade e a Vida — frase que, no dizer de Wagner, significa Eu sou o caminho da verdadeira vida — tu não podes errar, teu verbo não tem lacuna, tua palavra não tropeça.

Não obstante, Senhor, não posso conceber que a meu Espírito seja dado conquistar a perfeição suprema; e, contudo, Tu disseste: "Sede perfeitos, como vosso Pai celestial é perfeito!".

*

O espírito do homem foi criado à imagem e semelhança de Deus. Por isso, sempre que lhe sondamos os arcanos profundos, vamos encontrá-lo almejando o melhor. O Espírito não se acomoda com o menos: quer, invariavelmente, o mais. O sofrível, o regular e o bom não lhe satisfazem às aspirações: ele deseja a perfeição. Essa sede do melhor é o incentivo que o concita à luta sem tréguas pela aquisição do bem e do belo, infinitos.

A sede insaciável de perfeição, que o Espírito experimenta, constitui a prova de sua origem divina. Deus está no homem. A mediocridade jamais o contentará, quando consciente de sua própria natureza. Ele anseia pela perfeição. E, na esfera em que se agita, sente e goza os prenúncios dessa perfeição, desse ideal que o atrai como ímã irresistível, norteando-lhe o rumo majestoso da vida.

O Espírito, em sua íntima natureza, é incompatível com o mal. Daí a luta com a consciência, o que vale dizer a luta consigo mesmo, luta que pôs na boca do grande Paulo de Tarso estas memoráveis palavras: "Que infeliz homem que eu sou! Aquilo que não quero, faço; aquilo que quero, isso não faço".

A felicidade que o espírito anela só lhe pode advir da harmonia entre os seus sentimentos, vontade e ações. Sentir, querer, agir — em perfeita afinação, tal o segredo da felicidade.

Sempre que se verifica desacordo entre aquelas manifestações do Espírito, ele se sente angustiado. E donde provém a desafinação? Provém, precisamente, de ele sentir em si mesmo o reflexo da suprema bondade e da infinita beleza que ainda não possui.

A vida do Espírito transcorre através dessa porfia. Viver é lutar; vencer é gozar. A última vitória marca o início de uma nova campanha na conquista de outro ideal, algo mais nobre que o já conquistado.

E assim, sempre em novidades de vida, o Espírito marcha, impávido e radiante, de etapa em etapa, de estágio em estágio, ascendendo continuamente pela senda intérmina da perfectibilidade, em obediência ao sublime imperativo do maior expoente da verdade neste mundo: Sede perfeitos, como vosso Pai celestial é perfeito.

*

"Tendes ouvido o que fora dito aos antigos: Amarás o teu próximo e aborrecerás o teu inimigo. Eu, porém, vos digo: Amai os vossos inimigos e orai pelos que vos perseguem, para que vos torneis filhos de vosso Pai que está nos Céus, porque Ele faz nascer o seu Sol sobre maus e bons e vir chuvas sobre justos e injustos. Porque, se só amardes os que vos amam, que recompensa tendes? Não fazem os publicanos também o mesmo? E se saudardes somente os vossos irmãos, que fazeis de especial? não fazem os gentios também o mesmo? Sede, pois, perfeitos como vosso Pai celestial é perfeito". (*Mateus*, 5:43 a 48.)

Corresponder às simpatias que nos votam, retribuir o bem que nos é feito, amar os que nos dedicam amor é humano. Mas Jesus jamais se conformou com o humano. De todos os seus ensinos e exemplos se conclui que Ele quer o divino. E o divino manda que se ame o inimigo, que se ore pelos perseguidores, que se retribua com o bem todo o mal recebido. Procedendo assim, tornar-nos-emos filhos de nosso Pai que está nos Céus, o qual derrama suas chuvas para fertilizar os campos dos justos e dos injustos e envia os raios benfazejos do seu Sol para aquecer, iluminar e vitalizar os bons e os maus.

Tal o vínculo da perfeição: amor incondicional, amor como estado imperturbável do Espírito. Somos filhos de Deus. Do nosso Pai celestial temos que haver uma herança, temos que apresentar certo traço de caráter que ateste nossa filiação. Esse cunho é o amor sem intermitências e sem restrições.

"Sede perfeitos, como vosso Pai celestial é perfeito" — eis o senso máximo da vida!

15
O homem

Penso que o homem é uma obra perfeita. E nem pode deixar de sê-lo, uma vez que foi criado à imagem e semelhança de Deus.

Da onisciência aliada à onipotência, não provirão obras falhas e defeituosas. Cumpre, porém, notar que as obras de Deus são vivas. Ora, onde há vida, há movimento e crescimento.

A excelsa sentença do *Gênesis*: "crescei e multiplicai-vos", encerra o segredo da vida, uma vez que não nos atenhamos apenas ao sentido literal daquelas palavras. Crescer e multiplicar não se refere somente ao número ou à quantidade, mas também, e particularmente, à qualidade. Naquele simbólico "sopro" que Deus infundiu à argila, encontra-se o dinamismo vital que vem da eternidade e marcha para o infinito.

"Para a frente e para o alto", eis a legenda gravada em cada átomo do Universo. Os defeitos e prejuízos humanos atestam, portanto, não a imperfeição da obra, mas, apenas, o estado atual de acabamento em que a mesma se encontra.

O homem não é uma estátua modelada e acabada pelo buril do estatuário. O homem é obra viva, inteligente e consciente de si própria. A estátua nada sabe de si mesma: sua forma, seus contornos, suas linhas e suas expressões são fixas, imóveis, inertes.

O Supremo Artista não age assim. Infunde *vida* às suas obras; e estas, uma vez vivificadas, se agitam, crescem, sobem e transcendem, aperfeiçoando-se e aprimorando-se sempre.

O homem mesmo há de colaborar com Deus na obra de seu crescimento e de sua evolução. Daí o mérito e o demérito de cada um. De outra sorte, o homem não teria consciência do seu valor, nem estaria aparelhado para realizar o ideal de felicidade que constitui o supremo alvo da vida.

À medida que ele se vai aperfeiçoando, melhor irá refletindo a divina imagem a cuja semelhança foi criado.

Só em Jesus, o sublime, o caráter adamantino, o paradigma da perfeição, podemos ver a imagem de Deus refletir-se em sua pureza e excelsitude. Por isso, ele pode dizer com autoridade: quem me vê a mim, vê ao Pai.

16
Flagelos da Humanidade

Dinheiro não resolve o problema da miséria.

Drogas não resolvem o problema da enfermidade.

Cadeia não resolve o problema do crime.

Dogmas não resolvem o problema do vício.

A miséria persiste nos centros ricos, ao lado do fausto, das pompas, do luxo. O miserável retorna à miséria ainda que venha a possuir fortuna; permanecerá na indigência mesmo que se lhe ofereça oportunidade de enriquecer.

O doente será doente a despeito das mil e uma drogas que haja ingerido.

O crime pulula em torno dos cárceres.

O vício esvoaça, qual enxame de moscas, em volta dos dogmas.

O motivo é simples: miséria, enfermidade, crime e vício são frutos das trevas. Dinheiro, drogas, cárcere e dogmas não fazem luz no espírito do homem.

Eduque-se o indigente, o enfermo, o criminoso e o viciado, acendendo em seus corações e em suas mentes a luz incomparável da moral evangélica, e ver-se-á que se tornarão ricos, sadios, bons e virtuosos.

Só assim se extinguirão os flagelos da Humanidade.

17
A necessidade do momento

Na marcha de uma ideia, como na de um exército, cumpre observar com cuidado as necessidades que surgem em dados momentos, as quais nem sempre podem ser previstas e acauteladas previamente. Prever os imprevistos, isto é, contar com eles, faz parte das cogitações do bom estrategista. No desenrolar dos acontecimentos surgem problemas de cuja solução depende a vitória. Não é possível traçar, de antemão, planos completos, maciços e irredutíveis, porquanto circunstâncias ocasionais podem, por vezes, reclamar alterações que, desprezadas, comprometem o êxito da campanha.

A marcha ascensional dos ideais consubstanciados na Terceira Revelação está reclamando, no momento, certas medidas indispensáveis ao prosseguimento da luminosa pugna. Menosprezá-las importará não só em sustar a arrancada realizada, como em comprometer o terreno já conquistado.

Queremos referir-nos à premente necessidade de criarmos educandários espíritas, onde os nossos filhos continuem recebendo, a par das disciplinas escolares, as noções doutrinárias cujos rudimentos já tenham sido ministrados nos lares.

Toda obra, seja de ordem material ou espiritual, ergue-se, naturalmente, sobre alicerces. Tais sejam estes, tal será a segurança do edifício que se constrói. A obra da regeneração social deve começar na criança. Fazê-la partir de outro ponto é construir sobre base movediça e instável.

Nunca será ocioso lembrar que o alvo do Espiritismo está na iluminação interior das almas, aqui encarnadas. Logrado este objetivo, todos os demais problemas serão solucionados sem delongas nem maiores dificuldades, de acordo com a magnífica visão de Jesus, quando disse: "Buscai em primeiro lugar o Reino de Deus e a sua justiça; tudo o mais vos será dado por acréscimo".

O Reino divino das realidades da vida encontra-se nos refolhos da consciência humana. Ensinar os homens a descobri-lo em si próprios, e por ele se orientarem, eis a magna questão. Tudo o mais é acessório. Ora, a missão da Doutrina dos Espíritos é precisamente essa: esclarecer, iluminar a mente do homem, de modo que ele descortine, com clareza, o roteiro que o conduzirá à realização do destino maravilhoso que lhe está reservado.

O programa espírita que se desvia deste carreiro não corresponde às finalidades reais da Doutrina. Nota-se entre os espiritistas a preocupação de realizar cometimentos que se imponham pela sua vultosidade. Todos se empolgam na contemplação de edifícios e de monumentos, deste ou daquele gênero. Sem tirar o valor de tais empreendimentos, cumpre, contudo, notar que acima deles está a iluminação das consciências.

É verdade que esta obra não aparece, não se revela de pronto, de modo a satisfazer ao nosso açodamento em colher, desde logo, o fruto da nossa sementeira. Não nos preocupemos com isso. O que é nosso às nossas mãos virá, não importa quando nem onde. Cumpramos o dever que o momento impõe. Deus dará a cada um o que de direito lhe caiba.

Se procurarmos saber qual a grande carência do mundo, neste momento angustioso que ora passa, chegaremos à conclusão de que a sua suprema necessidade é — *compreensão*. Se os homens tivessem compreensão, entender-se-iam facilmente, desaparecendo as causas da separação que os divide e infelicita.

À Terceira Revelação está destinada a missão de projetar na razão humana as claridades divinas.

A época em que estamos requer abnegação, renúncia e trabalho.

Com esses elementos, a Doutrina dos Espíritos consumará sua obra de regeneração individual e social.

O Espiritismo, para vencer, não precisa de vultosas somas; não precisa de bafejo dos grandes e poderosos da Terra; não precisa de numerosos prosélitos: basta que possa contar com o coração das mães, com a autoridade paterna dentro dos lares e com a modesta colaboração do mestre-escola.

18
Fiat Lux!

> *"A terra era vã e vazia; e as trevas cobriam a face do abismo (...). E disse, então, Deus: Faça-se a luz; e a luz foi feita."*
>
> (GÊNESIS, 1:2 e 3.)

Assim como era a Terra no princípio, assim é hoje, espiritualmente, a sua sociedade, em que pese à presunção dos *super-homens* que a dirigem e orientam. As trevas envolvem a mente e os corações. No seio da Humanidade verifica-se a predominância daqueles dois traços que assinalaram os tempos primitivos; tudo é *vão e vazio*.

Os magnos problemas sociais são ventilados através dos séculos e dos milênios. Sobre cada um deles avoluma-se uma avalancha de teorias e opiniões eivadas do personalismo dos seus respectivos autores. Muito se discute e muito se controverte. Nada obstante, os referidos problemas continuam insolúveis. A enfermidade e a dor, sob seus multiformes aspectos, continuam a todos flagelando. A miséria, o vício e o crime se alastram e se multiplicam como vivo protesto à decantada civilização hodierna. A guerra cruenta, impiedosa e bárbara prossegue seu curso, como outrora, na sua faina devastadora, espalhando a morte e a desolação por quase toda a face do planeta. O direito brutal da força predomina sobre a força serena do direito. A materialidade reinante abafa o surto de espiritualismo onde quer que o mesmo ouse levantar o seu brado de protesto ou de alarme. *As trevas cobrem a face do abismo!*

Urge que, de novo, o Divino Verbo profira a excelsa sentença através dos arautos celestes. *Fiat lux!* Sim, faça-se a luz, no íntimo das almas que habitam o orbe terráqueo. Somente mediante tal acontecimento se logrará reformar o mundo, substituindo-se os usos e costumes selvagens pelos hábitos e maneiras consentâneas com os precípuos postulados da verdadeira civilização. As providências tomadas fora deste programa não passam de paliativos e remendos, com resultados muito relativos. Não será, jamais, com "Fly-Tox" que se extinguirão os mosquitos, mas sim com medidas higiênicas de saneamento do solo onde aqueles insetos encontram meio propício à sua proliferação. *Enquanto as trevas cobrirem a face do abismo*, a Terra continuará sendo o teatro de lutas fratricidas, ambiência propícia à eclosão do crime e do vício, da miséria e da enfermidade. Os homens têm curado de tudo que concerne à matéria, relegando o Espírito para plano secundário. Vestiram o corpo de púrpura e de linho finíssimo, deixando a alma esfarrapada, seminua, coberta de andrajos e molambos. Escolas que moralizem e instruam, educando o coração e o cérebro da nossa infância e da nossa juventude — eis a grande, a maior de todas as necessidades reclamadas pelo momento que atravessamos.

Se é triste, disse Victor Hugo, ver um corpo morrendo por falta de pão, mais triste ainda é ver uma alma estiolando por falta de luz.

Fiat lux! Dissipem-se as trevas que *cobrem a face do abismo* em que a materialidade do século precipitou o nosso orbe. Tudo o mais nos será dado de graça e por acréscimo.

19
Valor imperecível

> *"De que serve ao homem ganhar o mundo inteiro, e perder-se a si mesmo?"*
>
> (MARCOS, 8:36.)

O homem vale mais que o mundo com as suas jazidas, os seus diamantes, e toda a sorte de pedras preciosas. Não obstante, o homem, esquecido de seu valor intrínseco, cujo preço é inestimável, consome-se e esgota-se na conquista do que é perecível, daquilo cujo valor é muito discutível, visto como só vale mediante certa convenção estabelecida pelos caprichos e veleidades do mesmo homem.

Assim, pois, ele dá subido valor ao que, de fato, tem valor muito relativo, ou quiçá não tem nenhum, olvidando o valor de si próprio, valor positivo e incalculável.

De tal vesânia resulta que o homem trata com grande zelo aqueles valores, menosprezando o tesouro inexaurível que em si mesmo encerra, que ele, o homem, em realidade, é. Ao dinheiro, à prata, ao ouro e a outros bens, tidos como preciosos, ele sacrifica o único bem real e inconfundível que é o homem mesmo.

É por isso que se julga, no mundo, como perdida, a existência que transcorre na humildade dum lar ignorado, na reclusão dum hospital, nas dobras duma enxerga. Em tais condições, o homem se vê impossibilitado de buscar aquilo que se supõe valioso. No entanto, é possível, é mesmo quase certo, que tais existências sejam preciosíssimas àqueles que as suportam; e, falando em tese, mais fecundas e brilhantes que as admiradas pelo século. O mundo admira o fausto, o luxo, a notoriedade, o exterior — numa palavra. Mas o verdadeiro valor está no interior do homem: está no seu caráter, nos seus sentimentos, na sua inteligência. Não é a forma que encerra o valor a que nos estamos referindo: é o espírito, é a alma, o *eu* imortal, sede das faculdades e poderes cuja origem é divina.

Educar, isto é, desenvolver tais predicados, é realizar o objeto supremo da vida. Aquele que mais e melhor o desenvolve, mais aumenta o seu valor intrínseco. E é tão importante, tão santa e tão sagrada a conquista desse ideal, que Deus, em sua soberana justiça, mantém assegurada e intangível, em todos os homens, a possibilidade de realizá-la.

O paralítico, o cego, o leproso, o enfermo, enfim, de qualquer natureza, não está inibido de visar, com êxito, ao alvo grandioso da vida. Encerrem o homem num calabouço, escuro, infecto e úmido: aí mesmo ele conservará intacta a oportunidade de aprimorar seus sentimentos, de galgar novos degraus na escala intérmina da perfectibilidade moral e intelectual. Algemai-o, acorrentai-o, cravai-o numa cruz, como aquele ladrão justiçado à direita de Jesus Cristo; e vereis que o homem, mesmo crucificado, apelando para suas energias íntimas, logrará elevar-se das misérias da Terra às grandezas do Céu.

20
Querer é poder?

A sentença supra goza, de há muito, de foros de provérbio consumado. Mas exprimirá de fato uma verdade? Eis a questão.

A nosso ver, empregaríamos o verbo saber em lugar do verbo querer, e diríamos, então: Saber é poder.

Esta máxima é absolutamente verdadeira. Aquele que sabe pode, porém o que ignora não pode, ainda que queira. Dir-se-á, talvez: mas o querer conduz ao saber, visto como aquele que quer procura aprender para executar. Mas nem sempre sucede assim e é justamente esse ponto que tencionamos ferir.

Há muita gente que procura com afinco realizar seu "querer", por este ou aquele meio, desprezando precisamente o processo seguro de êxito: o saber. Daí os fracassos, o desânimo, a descrença e o pessimismo de muitos.

Jesus apresentou-se ao mundo no caráter de Mestre, e, como tal, teve discípulos. Sua missão é educadora. Remir é educar. Os que são por Ele ensinados alcançam, por tal meio, a redenção. A Igreja de Jesus é uma escola. Ser cristão é matricular-se nessa escola, é tornar-se discípulo de Jesus, e aprender com Ele a ciência do bem e da verdade.

"Instruí-vos, moralizai-vos"; tal é o lema que se deveria gravar no pórtico dos modernos templos cristãos.

"Pedis e não recebeis: não recebeis porque não sabeis pedir", disse o Mestre.

A questão, pois, é de saber.

Eu sou a luz do mundo — acrescentou Ele —, quem me segue, não andará em trevas; pelo contrário, receberá a luz da vida. Eu não vim condenar, mas salvar o mundo. A condenação é esta: A luz veio ao mundo, e os homens amaram mais as trevas do que a luz; e isto porque eram más as suas obras. Porquanto todo aquele que pratica o mal aborrece a luz, e não vem para a luz, a fim de que suas obras não sejam arguidas."

Como se vê, tudo se resume numa questão de luz. A condenação dos que a rejeitam consiste em permanecerem nas trevas. As trevas são o *Hades*. Quem vive em trevas nada pode, porque tudo ignora. Tudo ignora porque nada aprende, nada aprende porque repudia a luz que se lhe oferece. Estes tais estão por si próprios condenados.

Saber é poder, repetimos. Aquele que sabe pode. Aquele que quer e ignora a maneira de realizar seu "querer" não pode coisa alguma.

O que vive na luz pode, o que vive em trevas não pode, ainda mesmo que queira. A salvação está na luz. O Cristianismo é luz. Jesus é Mestre, a escola é o seu templo.

21
Dever paterno

Duas verdades muito simples devem estar presentes na imaginação dos pais: De um saco vazio nada podemos tirar. De um terreno inculto, abandonado, nenhum bom grão podemos colher.

Estas duas asserções, banais em aparência, naturalmente servirão para lhes trazer à mente um fato de suma importância: a educação dos filhos.

Sim, se eles descurarem o cumprimento deste dever, chegará o dia em que debalde procurarão obter alguma coisa dos filhos. Estes lhes darão o que se pode tirar de um saco vazio ou aquilo que se pode colher de um terreno abandonado.

A autoridade paterna, elemento indispensável na orientação e direção da mocidade, não surge do vácuo nas ocasiões prementes das grandes necessidades, dos lances aflitivos em que ela é reclamada. Se essa autoridade existe, apresenta-se, impõe-se, age, luta e consegue. Se não existe, é escusado apelar-se para ela, no paroxismo de qualquer aflição. A autoridade paterna se desenvolve paulatinamente, como fruto da educação que os pais dão aos filhos, quando essa educação se funda na base sólida de exemplos dignos e elevados. Ela se desenvolve e frutifica como as plantas de valor. Pretendê-las num dado momento, como façanha de prestidigitador, é ilusão que nenhum pai sensato deve alimentar.

Há exemplos, não contestados, de filhos bons e dignos, à revelia da influência doméstica, e outros que são maus, a despeito dos desvelos paternos; porém tais casos são exceções que não anulam a regra e, menos ainda, os deveres dos pais, no que concerne à formação do caráter de seus filhos.

Sabemos que nossos filhos são Espíritos reencarnados, os quais semelhantemente ao vento, segundo disse Jesus, ninguém sabe donde vêm. É possível que sejam Espíritos de sentimento e moral elevados; assim sendo, não nos darão maior trabalho: é a exceção. Caso contrário, como é de regra, trarão consigo defeitos, vícios e paixões, para cujo extermínio cumpre providenciarmos, empenhando todos os meios ao nosso alcance. E isto se obtém, ministrando a educação cristã, firmada sobre os alicerces de exemplificações acordes com aquela doutrina.

Educar é salvar. O Espiritismo é a religião da educação. Não há lugar para superstições na trama urdida pelos postulados cristãos que o Espiritismo veio restaurar em toda a sua verdade.

Eduquemo-nos, pois, e eduquemos nossos filhos. Um mau chefe de família nunca pode ser um bom espírita.

22
Renovação pela educação

Educar é tirar de dentro para fora e não introduzir de fora para dentro.

Todos possuem em estado de latência poderes e faculdades maravilhosas cujo desenvolvimento harmônico e progressivo deve constituir o objeto da educação.

Se os nossos esforços se focalizarem numa determinada faculdade deixando as demais em abandono, produziremos indivíduos anômalos, constituindo povos desequilibrados, verdadeiros aleijões morais.

É precisamente esse o quadro doloroso que nos apresenta o panorama internacional, onde as nações não conseguem encontrar o equilíbrio que as mantenha dentro do ritmo natural da Vida.

Agindo como rivais, na persuasão de acautelar interesses particulares, todas elas, outra coisa não têm feito senão cavarem a ruína comum, gerando conflitos e convulsões internas a par de guerras cruentas e fratricidas que colimam na destruição das suas mais decantadas e vultosas realizações.

Procurando a causa de tão inominável insânia que vem, através de séculos e milênios, mantendo a Humanidade nesse estado de demência coletiva, vamos encontrá-la na educação unilateral, ou seja, na monocultura da inteligência com menosprezo do sentimento.

Já ensinou o inigualável Educador de Nazaré que só há um pecado e uma virtude: esse pecado é o egoísmo e essa virtude é o amor. O mais tudo, seja na esfera do mal, seja na esfera do bem, são efeitos que daqueles dois elementos decorrem.

O egoísmo tem suas raízes mergulhadas nas profundezas do nosso passado, requerendo por isso grande soma de esforços a sua erradicação. Nada obstante, os homens porfiam em acoroçoá-lo, de vez que a inteligência, muito amanhada, sem o controle do sentimento, fornece ambiente e terreno propício à sua expansão cada vez mais acentuada. E o nosso mundo acha-se sob o despotismo da inteligência. Daí o grande surto de progresso verificado no plano utilitário e material, contrastando escandalosamente com a barbárie e brutalidade reinantes em todas as camadas sociais.

A inteligência, atendendo aos reclamos egoístas, constrói sobre a areia. Suas obras, portanto, não oferecem estabilidade e segurança, ruindo, a cada passo, sob o fragor das paixões desencadeadas. Tratados e convênios, pactos e ajustes jamais solucionarão o problema da paz internacional tampouco aqueles de ordem social interna, como o pauperismo, o desemprego, a orfandade, o vício e o crime. Só a educação sob o seu aspecto harmônico e congruente, devidamente compreendida em sua finalidade, conjurará as nossas velhas e debatidas questões. Qualquer outra medida não passará de paliativos aleatórios e estéreis, conforme os fatos vêm demonstrando cabalmente.

A nossa sociedade é uma enferma entregue nas mãos de curandeiros charlatães que se preocupam em combater sintomas, visando com isso impressionar a doente cujo estado se agrava continuamente. Todas as perturbações sociais, de caráter nacional ou internacional, são fenômenos acidentais, revelando um estado mórbido geral e permanente que ainda não foi focalizado pelos bisonhos terapeutas que rodeiam o leito da extenuada enferma. A moléstia, no entanto, vai se definindo cada dia com mais evidência.

Trata-se de lepra da alma assinalada na insensibilidade moral que caracteriza o homem deste século.

Eduque-se o sentimento, cultive-se a ciência do bem que é a ciência do coração, e ver-se-á a moléstia decrescer e a enferma entrar em franca convalescença.

Urge dar essa orientação ao problema educacional. A Humanidade precisa ser reformada. Do interior do homem velho cumpre tirar o homem novo, a nova mentalidade cujo objetivo será desenvolver o amor na razão direta do combate às multiformes modalidades em que o egoísmo se desdobra. A renovação do caráter depende da renovação dos métodos e processos educativos.

Cabe ao Espiritismo a nobre e grandiosa missão de iniciar esse trabalho fundando colégios, ginásios e educandários cuja finalidade seja produzir uma geração nova, cristianizada, opondo-se, dessarte, à velha escola que se esforça em submeter ou sufocar os germes de renovamento, procurando adaptar a juventude que desponta às exigências de um ambiente deletério, corrupto, inflado de vaidades e prenhe de hipocrisias.

Inspiremo-nos nas seguintes palavras do inolvidável Apóstolo dos Gentios: "Não vos conformeis com este mundo, mas transformai-vos pela renovação da vossa mente, para que saibais qual é a boa e perfeita vontade de Deus".

23
Pão e luz

"Não só de pão viverá o homem, mas de toda a palavra que sai da boca de Deus" — disse Jesus. Essa palavra é a luz, é a verdade.

A luz é para o Espírito o que o pão é para o corpo. O homem, em sua expressão real, não se confina exclusivamente na carne e no sangue: o homem é uma alma encarnada. Se, pois, o pão é indispensável à vida corpórea, a luz é imprescindível à vida espiritual, considerando que esta é a vida real que sobre aquela reflete. Daí o ser a mais importante, a que requer mais atenção e cuidados. Cumpre, portanto, que o homem não porfie e lute somente pelo pão que nutre o corpo perecível, mas também, e principalmente, pela aquisição da luz que alimenta e dá crescimento ao Espírito imortal. O homem sendo, como ficou dito, uma entidade composta de alma e corpo, não pode, por isso, atender aos reclamos da vida, mantendo-se adstrito ao problema do pão.

Pelo pão, no entanto, todos porfiam e batem-se com denodo e tenacidade. Pela luz, porém, não fazem o mesmo. Quem carece de pão protesta desde logo e põe-se em atividade, lançando mão de todos os meios e processos, lícitos ou ilícitos, para adquiri-lo. Aqueles que se acham na escuridão, nela permanecem, à míngua de luz, agitando-se no meio da confusão e da incompreensão dos problemas que os afetam. A luz não lhes interessa como o pão interessa ao faminto; por isso, este, quando não pode exigir, pede e implora o pão, enquanto aquele menospreza e desdenha a luz cujo valor desconhece. O faminto sabe e sente que lhe falta o pão. O ignorante presume que tem luz e, por isso, não a deseja e nem a procura. O faminto está certo e convencido de que sem o pão não pode viver, ao passo que o ignaro não concebe o papel que a luz representa na trama da vida eterna do Espírito.

A fome do pão para a boca produz efeitos imediatos, que o faminto busca logo remediar ou prevenir. As funestas e desastrosas consequências da ignorância da verdade são complexas, e, por vezes, remotas, de modo que as suas vítimas não estabelecem nenhuma relação entre a causa e seus efeitos.

Não é necessário advertir o faminto que ele necessita de pão. No entanto, é mister muito esforço, paciência, engenho e arte para convencer o ignorante de que ele tem necessidade de luz. Qualquer um pode distribuir pão. Poucos, porém, estão em condições de espalhar e difundir a luz. O pão é ardentemente desejado pelo faminto, enquanto o inciente rejeita e repele a luz oferecida.

O Despenseiro das divinas claridades assim se pronunciou a propósito deste assunto: "Aquele que não crê em mim já está condenado, e a condenação é esta: a luz foi-lhes ofertada e eles a recusaram".

Ora, quem rejeita a luz está, realmente, condenado a permanecer em trevas, suportando os reveses e acidentes que decorrem dessa situação.

Se o ignorante sentisse fome de luz, como o faminto sente fome de pão, já não haveria consciências embotadas e corações insensíveis ao bem; o mundo já seria luminoso. Mas são tão raros os que percebem e confessam achar-se sob o império dessa espécie de fome, que Jesus os classificou, como aos humildes, no número dos venturosos, dignos da graça divina, dizendo: "Bem-aventurados os que têm fome e sede de justiça, porque serão fartos". No entanto, se são muitos os que carecem de pão, maior, muito maior é ainda o número dos que perecem à míngua de luz, visto como, nesta rubrica, pode-se computar quase a Humanidade inteira, conforme atestam o confusionismo e o estado caótico em que o mundo de nossos dias se debate.

A propósito de tão magno assunto, vamos rememorar, aqui, as seguintes estrofes do imortal vate lusitano, Guerra Junqueiro:

Acendem-se na rua, à noite, os candeeiros;

Coloca-se um gendarme à porta dos banqueiros;

A polícia fareja os becos e as vielas;

Dobram-se as precauções, dobram-se as sentinelas;

E apesar disto tudo há feras pela rua;

O vício não acaba, o roubo continua,

E é cada vez maior a criminalidade.

Pois bem; iluminai por dentro a sociedade:

Ponde o trabalho e a honra onde estiver a esmola;

Uni o amor ao berço e uni o berço à escola.

Acendei uma luz em cada coração.

Tal é o remédio apontado pelo grande pensador para debelar o crime e moralizar a sociedade. Realmente, não existe outra panaceia capaz de conjurar os vetustos e renitentes males sociais, senão essa. Tudo o mais são paliativos, são recursos efêmeros cujo efeito consiste em adiar as crises da enfermidade moral de que padecem os homens.

E, assim, de delonga em delonga, de adiamento em adiamento, as doenças do Espírito se radicam e se agravam, zombando do curandeirismo irracional e inócuo contra elas aplicado.

Dentre os graves estados mórbidos que nos ameaçam, está a guerra, esse avejão sinistro, devorador de vidas humanas, devastador impenitente dos campos e cidades, anarquizador por excelência da ordem e do ritmo vital de povos e nações.

O que se tem feito até aqui para extinguir de vez a guerra, tornando-a impraticável?

De prático e eficiente, nada.

Diviniza-se a paz, porém, somente nos lábios, nas frases literárias, nos discursos políticos mais ou menos demagógicos.

A guerra, como, aliás, também a paz, resulta das consequências, inelutáveis e fatais da condição em que se acham estruturadas as organizações político-sociais do nosso mundo. Enquanto estas forem iníquas, prevalecendo a força contra o direito, e a impostura contra a verdade, haverá inevitavelmente guerras e convulsões sangrentas.

A paz custa um certo preço. Sem o pagarmos, jamais a teremos. E sabeis qual é o seu preço?

Eu vo-lo digo sem receio de contestação. Eu, pobre pária, vos afirmo, desafiando a contradita de todos os magnatas da política — de ontem, de hoje e de amanhã: o preço da paz é a justiça, aquela justiça, porém, da qual disse o Mestre de Nazaré aos seus discípulos: "Se a vossa justiça não for superior a dos escribas e fariseus, não entrareis no Reino de Deus". Sem ela, nunca sairemos das garras aduncas e ferozes, das guerras periódicas desencadeadas em determinadas regiões do planeta, evoluindo para as grandes conflagrações, como as que tivemos ultimamente.

Em tempos bem longínquos, disse, sentenciosamente, o padre Antônio Vieira em um dos seus célebres sermões: "Abraçavam-se a justiça e a paz, e foi a justiça a primeira que concorreu para esse abraço *Justitia e Pax*, porque a justiça não é a que depende da paz, senão a paz que depende da justiça".

Esta frase memorável foi proferida há perto de 300 anos. Encerrando, porém, uma evidência, ela é oportuna hoje como outrora. Passarão, sentenciou o Verbo divino, os céus e a Terra, mas minhas palavras permanecerão. Sim, permanecerão por certo, porque a Verdade é a mesma em todas as épocas da Humanidade; e a verdade, acerca do velho e debatido problema da paz, é essa. Não existe outra.

Justiça, portanto, é também um gênero de pão imprescindível à vida espiritual.

E como havemos de incutir as noções de justiça nos Espíritos aqui encarnados?

Respondo, também sem hesitar: pela educação; será tão somente pela educação dos sentimentos, por isso que, o senso de justiça, como, aliás, de todas as virtudes, nasce, cresce e frutifica no coração, e não no cérebro.

Educar, formando o caráter, eis o problema máximo cuja solução o momento reclama angustiosamente.

Portanto, repetimos: Ou o Espiritismo enfrenta corajosamente a questão educacional, concentrando nela as suas energias, ou terá falhado àquela finalidade que o Alto lhe assinalou!

24
Jesus e suas parábolas

É digno de nota e bastante significativo o Divino Instrutor e Guia da Humanidade ter empregado parábolas como processo de ensinar e instruir os seus discípulos.

De fato, o método parabólico é eminentemente pedagógico, porque, apelando para o raciocínio, força o educando a pensar e refletir, pondo, destarte, em atividade a razão, essa luz que Deus acende em nosso espírito a fim de que, usando-a sempre, a tornemos cada vez mais intensa e brilhante.

Como é sabido, as parábolas são uma espécie de alegoria, história ou composição, encerrando em seu entrecho um ensinamento, certa moralidade que deve ser descoberta pelos leitores ou ouvintes.

A parábola difere do apólogo e da fábula porque nestas, comumente, figuram animais como protagonistas e também porque o seu enredo é pura fantasia, portanto inverossímil, enquanto o das parábolas é natural e exequível. Estas, urdidas por Jesus, têm, como base e fundo, os acontecimentos cotidianos originários daquela época. Todas elas contêm, invariavelmente, uma lição de moral. Assim, por exemplo, as do "Filho Pródigo", da "Ovelha Desgarrada" e da "Dracma Perdida" — ensinam a unidade do destino que o Pai celestial, em seu amor, concebeu e reserva a todos os seus filhos dentro da lei do arrependimento, confissão da culpa e do propósito de emendar-se. A do "Bom Samaritano" — ressaltando o sentimento fraterno e a prática do bem, como padrão da verdadeira fé, isenta de todo laivo sectarista; a dos "Talentos" — fazendo ver aos homens que será através dos seus esforços, porfias e lutas que lograrão subir e elevar-se na escala evolutiva; a dos "Trabalhadores das Diversas Horas do Dia" — comprovando que a evolução do Espírito depende mais de operosidade e diligência do que propriamente do tempo, e que o valor das obras resulta de sua perfeição e não do seu volume; a do "Mordomo Infiel" — demonstrando que os bens terrenos são temporais, não constituindo propriedade dos homens, serão apenas usufruídos por eles no decurso de cada uma de suas existências; a do "Juízo Final" — notificando que no divino tribunal se indagará tão somente do homem, se ele amou ou desdenhou o seu próximo, de vez que, da resposta negativa ou afirmativa a esse único quesito, depende a sua redenção ou condenação; a das "Virgens Loucas e das Prudentes" — assinalando que não será à última hora, no momento da morte, que nos poderemos preparar devidamente para o outro plano de vida, visto como, chegando o nosso momento de partida, para lá iremos nas condições em que nos acharmos, sejam elas favoráveis ou desfavoráveis. E assim, sucessivamente, todas as demais revelam, em sua estrutura, moralidades e lições concernentes ao sentimento do bem, à noção da justiça e do dever, já para com Deus, como também para com nosso próximo. É de notar-se que a preocupação do Inigualável Educador circunscreveu-se à zona do coração e não à do cérebro; ao culto da virtude e da verdade na formação do caráter, e não tanto ao amanho da inteligência na criação de eruditos e sábios, segundo a conceituação humana.

Notemos bem — ao culto da virtude e da verdade na formação do caráter.

Eis aí o assunto, a disciplina que os homens ainda não aprenderam. Sem o seu conhecimento, jamais solucionarão os seus problemas.

Duvidar, descrer dessa ciência e dessa arte que se denomina — EDUCAÇÃO — arte e ciência cuja finalidade é transformar e renovar o indivíduo, é negar a evidência da evolução, lei incoercível, fartamente comprovada em todos os planos da Natureza, em todas as fases da vida, no seu curso eterno e majestoso.

Fora da Educação, que se consubstancia em cada indivíduo em *autoeducação*, não há redenção, não há salvação possível. Tudo o mais que se propala nesse setor não passa de pura fantasia.

A confusão reinante no mundo atual resulta do descaso que se tem votado a tão magna questão. Os males que flagelam a Humanidade contemporânea procedem da descrença, do ceticismo e da falta de confiança na eficácia da educação, principalmente no que respeita à educação moral. A crise que nos perturba é de dignidade, é de valores morais. Desta é que se originam todas as outras. Não é de sábios que precisamos: é de caracteres incorruptíveis. Os problemas da inteligência estão, por assim dizer, solucionados, conforme atesta o surto imenso de progresso material atingido. Nada obstante, é aflitivo e angustioso o momento que atravessamos. Os financistas e economistas não resolvem o problema do pão. Os estadistas não resolvem o mortificante problema da paz. Os sociólogos de alta envergadura jazem impotentes diante do pauperismo, do vício, do crime, da corrupção e de outros velhos problemas sociais.

Por quê? Certamente porque lhes falta a percepção interna das grandes realidades da Vida, dessa Vida que prossegue o seu curso além da campa; percepção que só se obtém mediante o culto sincero da verdade; que só se aprende sondando os profundos arcanos da consciência e auscultando a sua voz; que só se logra finalmente no estudo e na meditação da ciência da moral, que é a ciência do coração!

25
Clama sem cessar

À página 29, do livro de Amado Nervo, *Plenitud*, encontramos, no capítulo intitulado "Todos têm fome", os seguintes comentários acerca da precariedade humana:

> Bem sabes que neste orbe, todos têm fome: fome de pão, fome de luz, fome de paz, fome de amor.
>
> Este é o mundo dos famintos. A fome de pão, melodramática e ruidosa, é a que mais comove, porém não é a mais digna de comiseração.
>
> Que me dizes por exemplo, da fome de amor? Que me dizes daquele que deseja que o queiram, e passa pela vida, sem que ninguém lhe conceda uma migalha de carinho?
>
> E o faminto de Luz? Imagina a fome de um pobre Espírito que anseia por conhecimentos e se choca sempre contra o granito que serve de pedestal à Esfinge?
>
> E a fome de paz que atormenta o peregrino inquieto, forçado a sangrar os pés e o coração por ínvios caminhos?
>
> Todos os homens têm fome, e todos nós estamos, por isso, em condições de exercer a caridade. Aprende, pois, a conhecer a fome do que te procura, tomando sempre em consideração esta advertência: com exceção da fome de pão, todas as demais se escondem. Quanto mais angustiosas, mais ocultas.

Muita sabedoria esta página encerra. Notemos que a fome do corpo é uma, enquanto a do Espírito assume várias modalidades, cada qual a mais dolorosa e de efeitos mais alarmantes e extensivos. A fome de pão restringe-se ao indivíduo, não contamina terceiros, enquanto as diversas espécies de fome espiritual generalizam suas consequências comprometendo a coletividade.

Tempos atrás os jornais noticiaram um crime deveras impressionante pelas suas proporções e pela maneira trágica de que se revestiu. Um pai de família, depois de assassinar um seu patrício, eliminou a esposa e três filhos menores, suicidando-se em seguida. Notícias dessa categoria são mais ou menos comuns nestes tempos. É mesmo raro o dia em que a imprensa deixa de registrar casos semelhantes.

Como se explica, ou melhor, qual a causa de tais tragédias? Incontestavelmente a causa está na carência de luz, na miséria espiritual que lavra na sociedade em que vivemos; está, positivamente, no descaso em que permanece a educação dos sentimentos, a formação do caráter e da consciência moral do indivíduo. Se os protagonistas das tragédias sanguinolentas tivessem recebido desde a infância uma educação conveniente, procurando despertar em suas almas a noção da responsabilidade e o senso da justiça, por certo não se sentiriam capazes de ferir e matar.

A inconsciência da responsabilidade e a incompreensão da lei de consequência armam o braço do criminoso, encorajando-o à prática dos maiores delitos.

O crime, pois, sob seus aspectos variados, resulta de uma falha moral, de um nível baixo de espiritualidade, de um desequilíbrio psíquico em suma, que só a educação bem compreendida e convenientemente ministrada pode solucionar. Infelizmente, o critério generalizado sobre a educação e seus efeitos está longe de corresponder à realidade na sociedade contemporânea. Muita gente descrê do valor da educação, porque não pode verificar os seus resultados imediatos. Quer milagres. A educação representa um fator natural na esfera do espírito, como sói acontecer à germinação da semente no plano terreno. Não se trata de faquirismo, mas do preparo e cultivo do solo que, após os devidos cuidados, produzirá frutos de acordo com a sementeira feita.

Os homens são apressados. Querem tudo para o momento. Prever para prover, não entra em suas cogitações. Em todos os setores de atividade verifica-se o açodamento com que pretendem resolver problemas, cuja solução depende de medidas preliminares que não foram tomadas. Entram em ação os processos tumultuários, imediatistas e atrabiliários, que geram confusão, dispêndios inúteis e perda de tempo. Em geral os homens querem fazer alguma coisa que os notabilize. Empreender obras, cujo remate e cujos resultados não sejam para os seus dias, não lhes interessa, considerando que a glória vai caber a outrem.

Preferem sempre, por isso, semear couves a plantar carvalhos. Como pretendem combater o crime? Eliminando ou enjaulando o criminoso, o que vale dizer, incidindo em crime igual ou maior, porque premeditado e protegido pela lei. Educar o delinquente leva muito tempo, ao passo que eletrocutá-lo é coisa rápida e sumária. Vê-se logo o resultado. Mas que espécie de resultado? O estado de delinquência social, a proliferação do crime por toda parte, nos meios ditos civilizados, atestam bem a eficiência daquela medida. Alegar-se que ninguém tem o direito sobre a vida de outrem não impressiona os legisladores da pena de morte, por isso que os homens só conhecem o direito e as leis que eles mesmos concebem e decretam.

Vejamos o que diz o biologista Alexis Carrel sobre as condições da nossa civilização: "A civilização, tal como a conhecemos, não convém à Humanidade; ela não tem base no conhecimento da nossa verdadeira natureza. É devida ao capricho das descobertas científicas; é fruto dos apetites, das ilusões, dos desejos humanos. Embora construída por nós, ela não se adapta à nossa medida. Que remédio haverá para uma civilização tão desumana? A nossa atividade deve tomar outro rumo: o espiritual. O problema humano encontrará a sua solução no problema da infância e da juventude, pois, na criança, 'existe tudo'".

Educar a infância é semear o bom grão; é preparar uma nova sociedade, é criar um novo mundo onde habitará a justiça; onde reinará a solidariedade, garantindo o pão para todas as bocas, e a fraternidade, a todos oferecendo ensejo de revelarem suas capacidades. É tempo de reconhecermos essas verdades. O Espiritismo, tendo por escopo principal promover a transformação do indivíduo, não pode permanecer por mais tempo alheio ao processo cuja eficácia é indiscutível na melhoria individual e social: a educação que, iniciada na infância, se transforma, no adulto, em autoeducação, realizando o sábio imperativo evangélico: "Sede perfeitos como perfeito é o vosso Pai que está nos Céus".

*

Léon Denis, o grande apóstolo da Terceira Revelação, proferiu a seguinte sentença:

"O Espiritismo será o que os homens o fizerem". Esta frase do eminente e destacado filósofo, com franqueza, impressionou-me mal, durante muito tempo. Eu não me acomodava com o conceito de Denis. Achava que ele foi infeliz naquela expressão, porque, argumentava comigo mesmo: O Espiritismo é a Verdade e a Verdade é o que é e não o que os homens pretendem que seja.

Mais tarde, porém, com a reserva de experiências que fui acumulando, verifiquei que Léon Denis tem toda a razão no que disse a propósito da Doutrina Espírita. Realmente, as coisas se passam neste mundo, tal qual o conceito daquele conspícuo pensador. As palavras são as vestes das ideias. Os homens as interpretam segundo os seus interesses e pendores pessoais, das suas escolas e partidos. É assim que eles mudam as vestiduras de uma ideia para outra, muito diversa, e, insistindo nessa troca, acabam conseguindo que o falso passe como verdadeiro, o irreal como pura evidência. A história humana está repleta de fatos dessa espécie.

Vejamos, por exemplo, o que foi o Cristianismo no seu berço, na sua fonte pulcra e o que é nos dias que correm. Que fizeram os homens do século do Cristianismo? Jesus predicou e deu testemunho de mansuetude, de solidariedade e das relações fraternas que devem servir de norma à vida humana. Partindo da paternidade divina, irmanou raças, nações e povos, abolindo as causas de separação. Fez notar, enfaticamente, que as finalidades do destino estão na conquista do Reino de Deus, que é o da justiça, da liberdade e do amor. Sob a égide de tais postulados, Jesus afirmou: "Eu venci o mundo". O que fizeram os homens, repetimos, dessa divina doutrina? Abandonaram aqueles sábios preceitos, enveredaram pela estrada do despotismo, empregando a violência ao invés da mansuetude. Ao uso da razão, ao emprego da inteligência entrosada no sentimento, para resolver os seus problemas, o homem preferiu o canhão e as bombas incendiárias que arrasam cidades e talam os campos, esquecidos de que Jesus proclamara ter vencido o mundo utilizando-se, apenas, de forças espirituais.

Alegam, porém, que há casos que só o canhão pode solucionar. Nada obstante, o canhão troa, sinistramente, há séculos e milênios, enchendo o espaço com o eco lúgubre do seu ronco satânico, sem jamais ter resolvido nenhum problema social. Aí estão, de pé, desafiando a sua eficácia, o pauperismo, a doença, a orfandade, a ignorância, o vício e o crime — problemas humanos estes, de ontem, de hoje e de todos os tempos, e, com estes, estão aí, também, os problemas novos — da distribuição da riqueza e da circulação das utilidades da vida. Que conseguiram os canhões? Que têm logrado os estadistas, os sociólogos, os economistas e moralistas que, justificando o emprego da força, pontificaram e pontificam até esta data?

Concluímos, pois, que o Cristianismo não permaneceu o que realmente é, mas ficou sendo o que os homens o fizeram.

Cumpre, agora, indagar: Que pretendem os homens fazer do Espiritismo, desviando-o de sua finalidade, precípua e verdadeira, que é, como desdobramento do Cristianismo, acender o facho da luz no interior das consciências, regenerando e reformando o homem através da Educação, tal como exemplificou o Divino Mestre em sua passagem por este mundo?

Espíritas que me ouvis: Voltai vossa atenção para a escola — solução única de todos os problemas, dizendo com Jesus: "Deixai vir a mim os pequeninos, porque deles é o Reino dos Céus".

26
Salvar é educar

Salvar é educar. Jesus é Mestre, e como tal veio ao mundo salvar a Humanidade promovendo a educação do espírito do homem.

Imaginar-se a obra da salvação separada da obra da educação é utopia dogmática incompatível com a época presente. Ser cristão não é uma questão de modo de crer: é uma questão de caráter. Não é o batismo, nem a filiação a qualquer igreja que faz o cristão; é o caráter íntegro, firme e consolidado através de longo e porfiado trabalho de autoeducação.

"Vós sois o sal da terra", disse Jesus aos seus discípulos. O característico inconfundível do sal é ser elemento incorruptível e preservador da corrupção.

A sociedade contemporânea necessita duma força purificadora que a levante da degradação e do caos em que se encontra. Essa força há de atuar de dentro para fora, do interior para o exterior, afinando os sentimentos, despertando a razão e a consciência dos homens. Uma verdadeira ressurreição espiritual: eis de que a Humanidade ora necessita. Tudo o mais são paliativos, são quimeras que jamais resolverão os graves problemas do momento atual.

O Cristianismo puro, tal como Jesus pregou e exemplificou, é a força, é o fermento que há de reformar a sociedade, agindo nos corações e nos lares. É do coração renovado, é do lar convertido em templo de luz e de amor que surgirá a aurora de uma nova vida para a Humanidade.

27
Educação

Professor é o primeiro homem na escala social — se exerce o seu mister como missionário, como colaborador de Deus no aperfeiçoamento de suas obras; se, porém, falha àquele compromisso, desfigurando ou maculando a obra divina, é um criminoso de lesa-humanidade.

*

Enquanto os homens persistirem no erro de colocar em primeiro lugar o corpo, nada de que o corpo depende estará acautelado e seguro.

Logo, porém, que o Espírito esteja acima da matéria, a razão acima do estômago e o sentimento acima dos interesses, os problemas da vida humana terão pronta solução. Este critério está de acordo com as seguintes palavras daquele que é a Luz do mundo:

"Buscai em primeiro lugar o Reino de Deus e a sua justiça; tudo o mais vos será dado de graça e por acréscimo".

*

A obra de educação é obra de redenção. Cristo é nosso redentor porque é nosso Mestre. Vejamos o seguinte ensinamento seu: "Se permanecerdes nas minhas palavras, realmente sereis meus discípulos; e conhecereis a verdade, e a verdade vos fará livres".

*

Fazer livre, é redimir, é salvar, em sua legítima expressão.

Com respeito ao assunto, eis como se manifesta o provecto educador Lourenço Filho:

"Mal refeita do cataclismo que foi a grande guerra mundial, a Humanidade se volta para as gerações futuras, na ânsia de um destino melhor, incansavelmente buscado; fatigado de emendar e corrigir, o homem feito volve as vistas para a linfa pura, ou menos contaminada, das fontes".

Em todos os países, políticos esclarecidos pregam a Educação como condição de equilíbrio social, mais duradoura e perfeita; filósofos e pensadores põem, nela, o ideal da união no porvir de todas as raças, de todas as nações.

28
Rumo à perfeição

> *"Tendes ouvido o que foi dito aos antigos: Olho por olho, dente por dente. Eu, porém, vos digo: Não resistais ao homem mau; mas qualquer que bater na face direita, volta-lhe também a outra. Ao que quer demandar contigo e tirar-te a túnica, larga-lhe também a capa."*
>
> (MATEUS, 5:38 a 40.)

A seguinte expressão do Mestre — tendes ouvido o que foi dito aos antigos — precedendo determinada citação, substituída por outra mais avançada expressa no momento, assinala, de modo categórico, o caráter progressista e reformador de sua escola.

No que respeita à moralidade do preceito acima preconizado, afigura-se de todo impraticável. É uma utopia, afirmam alguns; tal conduta, dizem outros, aberra da natureza humana.

No entanto, refletindo bem, chegamos à conclusão de que aberra da natureza animal, mas não da natureza humana.

De fato, o que Jesus pretende do homem é que ele reaja, quando molestado, de maneira diametralmente oposta àquela adotada pelos animais. Se batemos num cão, receberemos uma dentada; se tocamos nas ancas do burro, do cavalo ou do boi, a resposta será o coice. As víboras levam mais longe a vigilância de sua integridade, pois atacam por precaução, antes mesmo de serem atingidas. A regra geral entre os animais é a reação imediata a qualquer espécie de ataque, reação essa que, por vezes, vai além do dano ou pseudodano recebido. É o instinto de conservação que os leva a proceder assim, agindo, aliás, dentro do ciclo evolutivo em que se acham. Entre eles, portanto, semelhante conduta é natural, nada havendo de estranhável.

Ora, o Mestre ensina que, na sociedade humana, a maneira de se conduzir deve ser outra, diferente, completamente oposta, por isso que o homem, sendo, embora, animal, está já em condições de regular seus atos e atitudes, não pelo instinto, mas pela razão e pelo sentimento. Tanto é assim, que o homem é o único animal desprovido de armas inatas. A Natureza, que deu ao touro, os chifres; ao elefante, a tromba; ao tigre, as garras; à serpente, o veneno; à vespa, o ferrão, etc., deixou de guarnecer o corpo humano de qualquer órgão destinado ao ataque ou à defesa. Nisto há sabedoria.

Diferir pouco dos animais, é ficar muito perto deles no que concerne ao seu estado atual de evolução. Diferir deles em absoluto quanto à sua maneira de reagir quando molestados, é mostrar positivamente o marco divisório que deles nos separa. Revidar dano com dano, ofensa com ofensa sem medir as consequências é próprio dos irracionais. O que o Mestre quer dos seus discípulos é que eles, em sua conduta, se revelem diferentes dos animais. Por isso, assinalou o caso em apreço, por ser precisamente através do qual a superioridade humana deve ostentar-se em todo o seu esplendor.

Alegarão, talvez: o homem ainda não está em condições de obedecer semelhante programa de ação. Somente de um santo é lícito exigir tal atitude. É exatamente ao que visa Jesus, no desempenho de sua missão: exalçar o homem, elevá-lo, divinizá-lo, fazendo com que o Espírito, com suas nobres faculdades, vença a natureza inferior triunfando dos seus arrastamentos e impulsos, pairando sobre o instinto e as volições bastardos, próprios da carne e do sangue.

Sua escola, como dissemos, é eminentemente progressista; por isso, o Mestre não se contenta com o regular nem com o bom; ele quer o excelente, o melhor, conforme se infere desta sentença sua: "Sede perfeitos, como o vosso Pai celestial é perfeito".

A obra da redenção é obra de educação. Educar é espiritualizar avançando, sem solução de continuidade, rumo à Perfeição!

29
O Mestre e o discípulo

Discípulo: Senhor, sinto-me desalentado diante das iniquidades do século. Parece que jamais os homens se mostraram tão rebeldes à razão e ao sentimento, como nestes tempos.

Mestre: Desalentado? Por quê? Duvidas, acaso, da segurança do Universo? Desalento é fraqueza, é falta de fé.

Discípulo: Quero ter fé, Senhor, mas vejo a cada passo surgirem tais impedimentos e tais embaraços à vinda do Reino de Deus, que o desânimo me invade a alma.

Mestre: És mais carnal que espiritual. A precipitação é peculiar ao homem. Quando o domínio do Espírito se estabelece, o coração se acalma, serenam as paixões e a fé não vacila mais. A pressa é, não só inimiga da perfeição, como também da razão. Os atrabiliários e insofridos jamais arrazoam com acerto. O Reino de Deus há de vir e está vindo a cada instante, para aqueles que o querem e sabem querê-lo. A vontade de Deus há de ser feita na Terra, como já o é nos Céus. Espera e confia, vigia e ora. Não deves medir o curso das ideias como medes o curso da tua existência: esta se escoa através de alguns dias fugazes, enquanto aquelas se agitam no transcorrer dos séculos e dos milênios.

Discípulo: Bem sei, Senhor, que deve ser como dizes. Eu supunha, no entanto, que a obra da evolução caminhasse sem intermitências; por isso queria vê-la em marcha ascensional, triunfando dos óbices e tropeços com que os homens, em sua ignorância e maldade, costumam juncar-lhe o caminho. Esta vitória do mal sobre o bem, da opressão sobre a liberdade me amargura e angustia. Tal vitória é certamente efêmera; contudo, é um entrave à evolução, é uma pedra de tropeço que, não se sabe por quanto tempo, conservará o carro do progresso entravado.

Mestre: Enganas-te. A evolução é lei imutável. Não há forças, não há potências conjugadas capazes de a impedir, nem mesmo embaraçar-lhe a ação e a eficiência. Nem um só instante a obra da evolução sofreu interrupções na eternidade do tempo e no infinito do espaço.

Discípulo: Como explicas, então, Senhor, a iniquidade, a tirania, a mentira e a corrupção, que ora imperam na sociedade terrena? O mundo estará evolutindo sob o influxo de tais elementos?

Mestre: Erras nos teus juízos, pelos motivos já expostos. Ignoras que é precisamente sofrendo iniquidades e suportando opressão que o homem vai compreender o valor da justiça e da liberdade? Não sabes que só a experiência convence os Espíritos rebeldes? Não vês como os doentes amam a saúde, como os oprimidos sonham com a liberdade e os perseguidos suspiram pela justiça? Julgas que esta geração adúltera e incrédula se converta apenas com os testemunhos do Céu e com as palavras de amor expressas no Evangelho do reino? Supões que todos se amoldam à graça sem o aguilhão da lei? Em mundos como este, é preciso privar os seus habitantes de certos bens, para que se inteirem do valor e importância desses mesmos bens. Suportando injustiças e afrontas, vendo seus direitos postergados pelo despotismo, os homens aprenderão a venerar a justiça, subordinando-lhe os interesses temporais e tornando-se capazes de renúncias e de sacrifícios em prol de seu advento.

Discípulo: Começo a ver luz onde tudo se me afigurava escuro. Todavia, Senhor, seja-me permitido ainda algumas perguntas.

Mestre: Pede e receberás; bate e se te abrirá, busca e acharás.

Discípulo: De tal modo, a obra da redenção jamais se interrompe e, mesmo através de todas as anomalias, ela se realiza fatalmente?

Mestre: Decerto: se assim não fora, a Suprema Vontade não se cumpriria e Deus deixaria de ser Deus. A evolução, no que respeita ao Espírito, opera-se pela educação dos seus poderes e faculdades latentes. Ora, todas as vicissitudes, todas as lutas, todos os sofrimentos, em suma, contribuem para incentivar o desenvolvimento das possibilidades anímicas. Assim, pois, quer o Espírito goze os salutares efeitos da prática do bem e da conduta reta; quer suporte as amargas consequências do mal cometido, da negligência no cumprimento do dever, da corrupção a que se entregue, ele estará educando-se, e, portanto, evolvendo. Pelo amor e pela dor, sob a doçura da graça, ou sob a inflexibilidade da lei — caminhará, sempre, em demanda dos altos destinos que lhe estão reservados.

Discípulo: Falas na santa obra da educação. Feriste, Senhor, o alvo, o eixo em torno do qual giram as minhas lucubrações mais acuradas. Compreendo muito bem a importância da educação. Vejo claramente que só a religião da educação, tal como ensinaste e exemplificaste, pode salvar a Humanidade. Mas como vingará esta fé, se os dirigentes, os dominadores de consciências, aqueles, enfim, que têm ascendência sobre o povo são os primeiros a deseducá-lo, a corrompê-lo, premiando os caracteres fracos e venais que se sujeitam aos seus caprichos e perseguindo os poucos que, capazes de sofrer pela justiça e pela verdade, pelo direito e pela liberdade, resistem ao despotismo do século? Tal processo de corrupção não invalidará, pelo menos por tempo indeterminado, a eficiência da educação?

Mestre: Nada há encoberto que não seja descoberto, nem algo oculto que se não venha a saber. Falas em processo de corrupção que poderá deseducar o povo. Ignoras, então, que o Espírito educado jamais se deseduca? A lei é avançar e não retroagir. Os que se submetem às influências dos maus e dos prevaricadores, deixando-se corromper por falaciosas promessas, são Espíritos fracos, egoístas e amigos da ociosidade, da vida cômoda e fácil. São os tais que entram pela porta larga e transitam pela estrada espaçosa e ampla que conduz à perdição. É possível que tais indivíduos se abastardem ao extremo, levados pelos corruptores de consciências; mas o dia do despertar há de chegar. Tanto maior será a reação quanto mais o Espírito se tenha degradado. E, às vezes, é o único meio de corrigir os cínicos, os hipócritas e os indolentes.

Discípulo: E os empreiteiros da corrupção, até quando continuarão entregues a tão abjeta tarefa?

Mestre: Eles são instrumentos inconscientes de punição. Os homens castigam-se mutuamente. São semelhantes aos seixos que rolam no fundo dos rios, arrastados pela corrente das águas. No começo, eram ásperos e arestosos, mas, à força de se entrechocarem e se friccionarem, acabam alisando-se, tornando-se polidos e brunidos, como trabalhados por mão de artista. Cumpre notar ainda que a cada um será dado segundo as suas obras. O déspota de hoje será a vítima de amanhã — pois quem com ferro fere com ferro será ferido.

Discípulo: Estás com a razão, Senhor. És, de fato, o Caminho, a Verdade e a Vida. És a Luz do mundo.

Mestre: Lembra-te do que eu disse: "Vós sois o sal da terra e a luz do mundo. Não se acende uma candeia para colocá-la debaixo dos móveis, mas no velador, para que a todos ilumine". Portanto, não basta que me consideres Luz, é preciso que te *tornes luz*.

Discípulo: Cada vez mais me arrebatas com a tua luz, aclarando os problemas da vida, tornando acessíveis a todas as inteligências os mais complexos problemas sociais.

Mestre: Confessas que tens entendido o que eu disse? Bem-aventurado serás, se puseres em prática os meus ensinamentos. Não te esqueças: *se os praticares*. Trata, pois, de descobrir o Reino de Deus em ti mesmo, no teu coração; depois, procura implantá-lo em teu lar; depois, em tua rua; depois, no mundo. Não tenhas pressa. Confia e espera, vigia e ora. Não penses em fazer o mais, antes de fazer o menos. No Universo, tudo é ordem e harmonia.

30
Kardec, o operariado e a educação

Allan Kardec, inteligentemente cognominado por Flammarion — o bom senso encarnado, comentando, em *O Livro dos Espíritos*, questão 685, certos conceitos provindos do Mais Alto, a propósito do trabalho e do operariado, assim se exprime:

> Não basta se diga ao homem que lhe corre o dever de trabalhar. É preciso que aquele que tem de prover à sua existência por meio do trabalho encontre em que se ocupar, o que nem sempre acontece. Quando se generaliza, a suspensão do trabalho assume as proporções de um flagelo, qual a miséria. A ciência econômica procura remédio para isso no equilíbrio entre a produção e o consumo. Mas esse equilíbrio, dado seja possível estabelecer-se, sofrerá sempre intermitências, durante as quais não deixa o trabalhador de ter que viver. Há um elemento, que se não costuma fazer pesar na balança e sem o qual a ciência econômica não passa de simples teoria. Esse elemento é a *educação*, não a educação intelectual, mas a educação moral. Não nos referimos, porém, à educação moral pelos livros e sim à que consiste na *arte de formar os caracteres*, à que *incute hábitos*, porquanto *a educação é o conjunto dos hábitos adquiridos*. Considerando-se a aluvião de indivíduos que todos os dias são lançados na

torrente da população, sem princípios, sem freio e entregues a seus próprios instintos, serão de espantar as consequências desastrosas que daí decorrem? Quando essa arte for conhecida, compreendida e praticada, o homem terá no mundo hábitos de *ordem e de previdência* para consigo mesmo e para com os seus, *de respeito a tudo o que é respeitável,* hábitos que lhe permitirão atravessar menos penosamente os maus dias inevitáveis. A desordem e a imprevidência são duas chagas que só uma educação bem entendida pode curar. Esse o ponto de partida, o elemento real do bem-estar, o penhor da segurança de todos.

A falta daquele elemento insubstituível, a que alude o inolvidável Codificador da Doutrina Espírita, há perto de um século, ainda perdura, lamentavelmente.

Tudo que se tem feito até aqui, a prol das classes obreiras, ressente-se de uma lacuna, sem cujo preenchimento de pouco proveito serão os benefícios que lhes pretendem outorgar as leis em vigor e outras mais que posteriormente se decretem em favor das mesmas. A omissão em apreço é aquela apontada por Kardec: a educação; não a educação intelectual isoladamente, mas a educação moral; não ainda essa moral espetaculosa que se reduz às aparências e exterioridades, interessando apenas os sentidos, porém a educação moral que forma e consolida caracteres; que, apelando para a razão e para o coração, cria personalidades, eleva o nível evolutivo e desperta no indivíduo o senso da dignidade própria e do valor pessoal, decorrentes da conduta e fruto legítimo dos seus atos no seio da família e da sociedade.

É disso que ainda não cogitaram os nossos legisladores. Se, porém, eles olvidarem essa medida de tanta relevância, cumpre aos espíritas lembrar-lhes a obrigação de fazê-lo, dando o exemplo dentro da esfera em que exercem suas atividades.

É certo que as leis trabalhistas, nascidas da evolução social que em todo o orbe se processa, são, em tese, necessárias e boas; porém, não é menos certo que às mesmas é imprescindível adicionar os processos educativos de cunho espiritual, uma vez que "não só de pão viverá o homem", segundo o sábio dizer do maior e do mais generoso dos amigos e defensores dos humildes — Jesus Cristo.

Não basta focalizarmos o analfabetismo como a nódoa vergonhosa de nossa decantada civilização. A decadência moral, a corrupção de costumes, a repetição cotidiana de crimes repugnantes e bárbaros, a desfaçatez e a impudência com que se tramam e se urdem as transações venais, em todos os setores, constituem, em seu conjunto, algo que enodoa, conspurca e macula mais o nome, a história e o conceito de um povo do que o analfabetismo.

O desenvolvimento da inteligência, desacompanhado da vigilância e orientação dos sentimentos, produz mais malefícios que proveitos, porque amplia e dilata as possibilidades de êxito na prática de velhacarias e vilezas, como na maneira astuta e sagaz de fugir às responsabilidades, iludindo as massas ingênuas e incautas. É ainda produto da inteligência impudente o forrar-se à obrigação de dar contas dos mandatos, seja na esfera pública, seja na particular, acoroçoando assim o regime da irresponsabilidade, cujas consequências funestas explicam a desordem e a indisciplina que, partindo das altas camadas, se derramam e se espraiam por todas as baixadas.

Não basta que acenemos às classes obreiras com certos direitos que até há pouco, criminosamente, não se lhes concedia; cumpre completar a obra da sua reabilitação, incutindo-lhes noções do dever, base e fundamento do direito natural e legítimo.

Do contrário, estaremos semeando em sua mente ideias desordenadas, subversivas e contraproducentes, cavando, ao mesmo tempo, profundo vale de separação entre aqueles de cujo mútuo entendimento e cooperação dependem a ordem e a prosperidade das nações.

É óbvio que o desequilíbrio entre o dever e o direito é responsável pela confusão e pelo desajustamento, que cada vez se manifestam mais acentuados em nosso meio.

Façamos obra cristã, e não demagógica, em benefício dos nossos irmãos que manejam os músculos e os braços, visando em realidade ao seu progresso, soerguendo-lhes o nível consciente do valor que enobrece, em todo o sentido, máxime e particularmente no que concerne à formação do caráter, condição esta indispensável ao bom êxito em qualquer empreendimento humano; necessidade essa de que carecem tanto os dirigentes como os dirigidos, mais ainda os primeiros que os últimos, levando em consideração a maior soma de responsabilidade que lhes cabe.

Do menosprezo a tão grande problema resulta o estado lamentável de nossa sociedade, o que deu lugar às seguintes judiciosas considerações de Kardec, acima citadas.

Honremos e dignifiquemos a memória daquele que, tendo "olhos de ver", soube deduzir de um simples e corriqueiro caso de tiptologia — tal como fez Newton observando a queda de uma maçã desprendida do caule —, a magnífica e esplêndida Doutrina Espírita, conjugando Ciência, Filosofia e Religião, ou seja, todos os grandes ramos de especulações que absorvem a inteligência e o sentimento humano.

Rendamos-lhe a maior e a mais eficiente homenagem, a que condiz com aquele critério e aquele bom senso que sempre o distinguiu, fundando escolas que venham preencher a grande lacuna por ele apontada há mais de um século, lacuna que ainda persiste.

Esse, o monumento condigno que os espíritas devem erigir, num gesto de gratidão, em memória do amigo e assistente de João Henrique Pestalozzi, o inolvidável educador e consumado pedagogo de Zurique.

Educa e transformarás a irracionalidade em inteligência, a inteligência em humanidade e a humanidade em angelitude — diz Emmanuel.

31
A criança

Recordemos duas sentenças acerca da criança, proferidas pelo Profeta de Nazaré. Disse ele: "Deixai vir a mim os pequeninos; não os impeçais, porque deles é o Reino dos Céus".

E mais: "Em verdade vos digo, que, se não vos fizerdes como as crianças, não entrareis no Reino dos Céus".

A primeira destas duas assertivas não exprime tão somente uma expressão carinhosa, um gesto afetuoso, aliás, muito próprio do caráter e da personalidade do Divino Mestre; encerra também sabedoria, revelando o perfeito conhecimento das condições em que as crianças se encontram ao encetarem a sua entrada no seio da Humanidade, e, ao mesmo tempo, recorda e põe em destaque os compromissos daqueles que aqui as recebem, notadamente os pais e preceptores.

A criança — notemos bem — não é uma entidade recém-criada: é, apenas, recém-nascida, fenômeno este que se consuma em cada uma das vezes que o Espírito imortal reveste a indumentária carnal, permanecendo no plano terreno por tempo incerto, que pode ser mais ou menos dilatado.

Quando, pois, Jesus diz — deixai vir a mim os pequeninos — adverte-nos quanto à época propícia ao lançamento das bases educativas.

Não forçamos a interpretação. Jesus não é mestre? O mister que exerceu neste mundo, não foi ensinar e curar?

Portanto, encaminhar as crianças a Ele importa em educá-las segundo os preceitos de sua escola. Consideremos ainda o que Jesus afirmou de si mesmo: Eu sou a Verdade. Eu sou a luz do mundo.

Ora, o que é educar, no legítimo sentido da expressão, senão orientar o Espírito na aquisição parcial, porém progressiva, da Verdade? dessa Verdade que é luz; dessa luz que é redenção? — na conformidade de mais esta frase elucidativa da missão do Verbo encarnado: "Se permanecerdes nas minhas palavras, sereis realmente meus discípulos; e conhecereis a Verdade e a Verdade vos libertará?".

Esquadrinhemos o quanto possível o pensamento do Mestre:

Após o — deixai vir a mim os pequeninos — Ele acrescentou: Não os impeçais — isto, porque os discípulos pretenderam impedir que as crianças se aproximassem dele. Nós — nos dias de hoje, descurando da educação infantil — o que estamos fazendo senão impedir que as crianças se instruam e se iluminem conforme os preceitos da escola cristã?

Deixar de proporcionar à infância essa oportunidade, é contribuir para o seu extravio, quando está em nossas possibilidades conduzi-la àquele que é o Caminho, a Verdade e a Vida.

Prosseguindo, consideremos a terceira parte da sentença ora comentada: porque delas — das crianças — é o Reino dos Céus.

A velha ortodoxia ensina que o Reino dos Céus lhes pertence porque elas são inocentes, e, assim, desencarnando nessa condição, vão integrar-se naquele Reino.

Semelhante interpretação, porém, não procede; não resiste mesmo ao mais ligeiro sopro de raciocínio.

Senão vejamos: Onde o mérito da criança para obter o Céu? Que fez ela digno de tamanha recompensa, considerando, sobretudo, o conceito desta frase, que foi enfaticamente proclamada por Jesus?!: "A cada um será dado segundo as suas obras".

Se não é lícito imputar culpa às crianças, também, de igual modo, não lhes podemos conceder merecimentos. A prevalecer aquele postulado, isto é, que a criança desencarnada vai para o Céu, a melhor ventura, o maior bem que lhe poderia suceder, seria, por certo, a morte. Em tal hipótese deveriam desaparecer a Puericultura e a Pediatria como ciências heréticas, e levantar-se um monumento a Herodes I, o tetrarca da Galileia, porque tendo decretado a degola de milhares de crianças nascidas em Belém e suas cercanias, enviou ao Reino dos Céus grande falange de almas sem pecado. Tampouco teria fundamento os protestos da nossa imprensa chamando a atenção das autoridades para o vultoso número de crianças que sucumbem em nossa sociedade; antes, fariam jus, essas autoridades, a louvores, por estarem carreando essas levas sucessivas de inocentes para os tabernáculos eternos.

Semelhante erronia procede do desconhecimento da verdade a respeito da criança e das leis que regem e regulam a marcha evolutiva dos seres conscientes, e, por isso, responsáveis.

Sendo a criança que nasce um Espírito que se reencarna, a sua inocência resulta da ignorância do mal no decurso dos primeiros anos de cada existência. E, mais ainda, porque o novo aparelho, a matéria, em vias de desenvolvimento, obscurece a mente, constrangendo o Espírito dentro de limites acanhados, determinando um recomeço. Assim é necessário, pois é mediante essas reiniciações verificadas através das existências sucessivas que se processam as retificações que a alma imortal vai imprimindo na linha mais ou menos sinuosa de sua evolução.

Cada passagem pela Terra importa numa oportunidade, sendo que os sete anos iniciais são os mais adequados e propícios ao lançamento das bases educativas, segundo ensinam os nossos irmãos maiores, devendo, por isso, merecer dos pais e dos preceptores os mais atentos cuidados.

É após aquele período que o Espírito integra o seu aprisionamento na carne, sendo, portanto, a fase mais adequada às iniciações renovadoras.

A criança nessa época ignora os preconceitos de raça, nacionalidade, classe, credos e posição social. Elas são propensas a se confraternizarem. Se, por vezes, rixam e se hostilizam mutuamente, não guardam ressentimentos, pois jamais o Sol se põe sem que se hajam reconciliado. Às contendas da manhã, sucedem, invariavelmente, as fraternas amistosidades da tarde.

É tão acentuada a naturalidade de suas atitudes, que, desconhecendo o direito de propriedade que vigora em nossa sociedade da maneira mais rigorosa, as crianças vão-se apossando de qualquer objeto ou brinquedo que encontram ao alcance e lhes desperta interesse, desfrutando o prazer de admirá-lo e dele se servirem como coisa sua.

Conforme verificamos, tanto no fato de não guardarem animosidade, como também no que respeita ao modo como encaram as utilidades da vida, as crianças dão lições aos homens, justificando estes dizeres do Divino Educador: "se não vos fizerdes como as crianças não entrareis no Reino de Deus".

Cada nova existência importa, pois, no retorno do aluno ao ciclo de aprendizagem, e ao centro de experiências renovadas. Desprezar tais oportunidades, deixando de orientar, esclarecer e conduzir as crianças — é crime de lesa-humanidade cometido pelos responsáveis, considerando que, dentre estes, nós, os espíritas, assumimos a parte mais acentuada dentro do critério desta luminosa sentença do Cristo de Deus: "A quem muito foi dado, muito será exigido".

Pensemos, portanto, no problema da educação, dando escola às crianças, pois do contrário estaremos falhando lamentavelmente ao cumprimento do mais imperioso dever que nos cabe desempenhar.

32
A criança asilada

Excerto de uma conferência proferida no "Colégio Piracicabano" durante a "Semana da Criança".

O tema é bastante delicado. Criança asilada! criança ao desamparo, ao léu, sem família, sem lar, sem pão! Ave implume sem o conchego do ninho, sem os cuidados de uma proteção amiga e solícita reclamada pela precariedade das condições de quem não sabe e não pode dirigir-se por si; de quem se encontra desprovido dos meios de defesa pessoal e das possibilidades de prever e prover a manutenção própria! Eis, numa síntese mais ou menos lacônica, a amargura da soledade em que vegetam inúmeras crianças na sociedade aristocrática de uma civilização febril e voluptuosa, expressa nos arranha-céus, aviões, rádios e... metralhadoras.

Falar na criança asilada é tocar no problema da orfandade, problema esse que, ao lado de outros de grande relevância, permanece insolúvel em nosso país.

Órfã, a nosso ver, não é precisamente a criança que perdeu os pais, ambos, ou um deles. Órfã é a criança sem lar, portanto, sem carinhos, pela qual não há quem se interesse, entregue aos azares dos imprevistos, estejam ou não contados no número dos chamados vivos os seus genitores.

É comum vermos, ao cair da noite, crianças maltrapilhas, desasseadas, cabelo em desalinho, sobraçando marmitas e latas amolgadas, pedindo, aqui e acolá, restos de comida, nacos de pão, etc. Dessas crianças, a maioria é órfã por viver completamente abandonada, perambulando pelas ruas e praças, a despeito de se achar em companhia dos pais. Estes, geralmente, exploram os filhos, permanecendo em casa à espera da colheita mais ou menos farta que as crianças conseguem fazer em sua cotidiana peregrinação. Todavia, não os condenamos por isso, antes os lamentamos; pois se trata de indivíduos ignorantes, destituídos do senso da vida, verdadeiros párias, órfãos, a seu turno, de vez que são outras tantas crianças, espiritualmente falando, desprotegidas e desamparadas dos cuidados requeridos pela sua condição.

A orfandade, como a mendicância, a invalidez, o analfabetismo, as endemias, o pauperismo, o vício e o crime são problemas sociais; ao Estado compete, como precípua e indeclinável obrigação, empregar os meios ao seu alcance para solucioná-los. O direito impõe deveres, quando não nasce do próprio dever. O Estado, usando, e até abusando do direito de intervir na vida do cidadão, tributando e condicionando sua atividade, retirando, por esse processo, uma cota daquilo que ele produz, está, por isso, no dever de acudir aos inválidos, aos incapazes, aos miseráveis, e, particularmente, às crianças que, não estando ainda em condições de produzir, constituem, todavia, presumíveis fatores do engrandecimento material e moral de uma nação; e, tanto mais lícito é esperar-se do seu porvir, quanto mais e melhor se haja feito, no presente, em prol da sua educação, sob todos os pontos de vista.

Pondo de parte as múltiplas e complexas questões sociais, consideremos apenas a da criança desvalida, pois que é precisamente o assunto que ora abordamos.

Os orfanatos e asilos resolverão o caso em apreço? Respondemos pela negativa, considerando que a orfandade se apresenta sob dois aspectos distintos: o material e o moral. O primeiro se reporta às exigências físicas da criança; o segundo respeita às suas necessidades psíquicas ou morais. Aquele atende ao corpo, este, ao Espírito.

Ora, os orfanatos podem satisfazer plenamente aos reclamos do físico; porém, nunca aos do Espírito.

O regime que, por força das circunstâncias, vigora nesses estabelecimentos, regime mais ou menos semelhante ao dos quartéis, expressos nos uniformes, nos dormitórios em comum, na sineta que chama às refeições e determina a hora de se erguerem do leito, enfim, aquele conjunto de regras e regulamentos próprios de tais instituições, age sobre o moral das crianças como um ferrete avivando a sua lamentável condição de órfãs.

Os asilos não são nem podem ser para as crianças o que são as chocadeiras e as criadeiras para os pintos. Estes requerem somente certos cuidados com a alimentação, com a higiene e a temperatura do ambiente onde se desenvolvem. As criadeiras, portanto, preenchem perfeitamente os fins a que se destinam. A vida humana, porém, é muito mais complexa; tem gamas e nuanças delicadas, que não podem ser esquecidas, sem que de tal olvido resultem sérios prejuízos.

Os asilos perpetuam, não extinguem a orfandade, condição esta que permanece na mente do asilado como estigma indelével. Mesmo depois de adulto, quando alguém se refere a ele, usa desta expressão: é aquele moço, órfão de tal asilo. Ou então: Fulano se casou com uma órfã do abrigo de tal localidade.

Por isso, salvo raras exceções que não infirmam a regra, a criança asilada é sempre tristonha, tímida e desconfiada. Cresce debaixo da dolorosa impressão de dependência, sabendo que vive da caridade pública, que não existem para ela os carinhos maternos e o zelo de um pai que vele pelo seu futuro e em cujo amparo possa confiar!

Certamente a criança não tem este raciocínio; mas, a despeito disso, sente o efeito inelutável da ausência daqueles fatores que tão grande influência exercem e exercerão em sua vida psíquica, confirmando plenamente o pensamento do poeta:

As almas infantis
são brancas como a neve,
são pérolas de leite
em urnas virginais;
tudo quanto se grava
e ali se escreve
cristaliza em seguida
e não se apaga mais.

E o que diremos de certos asilos que expõem os orfãozinhos, devidamente caracterizados, aos olhos do público, visando com isso inspirar compaixão? E quando fazem as próprias crianças estenderem as mãos aos óbolos obtidos por semelhante processo desumano e humilhante?

A infância é a época em que o ser reclama maiores desvelos e cuidados. Trata-se de lançar as bases de uma edificação cuja solidez, como sói acontecer a toda espécie de construção, depende dos alicerces.

A nosso ver, salvo melhor juízo, somente no seio da família, no lar bem organizado, encontramos o meio propício, o terreno adequado para lançarmos o embasamento capaz de suportar a edificação dos caracteres que constituirão as individualidades mais ou menos acabadas.

Para a fome, alimento; para a sede, água; para a criança, o regaço materno, o lar doméstico. Só aí se depara o clima propício à sua delicadeza, ao seu estado e condições especialíssimos.

Fora desse meio, ela poderá viver e crescer como certas plantinhas débeis entre as frinchas de uma rocha. Jamais, porém, logrará florescer e frutificar como as árvores que tiveram a ventura de nascer e crescer em solo aberto e franco, expostas aos raios benéficos do Sol e às chuvas fecundantes do outono.

Mas objetar-me-ão, talvez: Onde encontrar lares para todos os órfãos espalhados por este orbe?

A dificuldade não está na carestia de lares, mas na esterilidade dos corações. A orfandade é um dos crimes do egoísmo. Se distribuíssemos os órfãos todos deste mundo entre as famílias constituídas, não tocaria, talvez, uma criança para cada grupo de cinquenta habitações. Na estreiteza de sentimentos é que não há lugar para resolver o velho e angustioso caso da orfandade. Os asilos, remediando o mal, constituem a prova eloquente do reinado do egoísmo entre os homens. Só a perfilhação ou adoção encerra o remédio radical da criança desvalida. Quando ela encontrar alguém, a quem possa dar, espontaneamente, sem obedecer às injunções calculistas de terceiros, o doce nome de mãe, terá, então, arrancado para sempre de sua fronte infantil o negro véu da orfandade.

Existem, nos centros populosos, ricos solares, luxuosos palacetes e velinos artísticos, de rígidos estilos, em cujos recintos os cães de raça comem à mesa dos seus donos e dormem em leitos macios, resguardados da importunação das moscas, mas onde não resplende a graça evangélica de uma criança, onde não se escuta o sorriso nem se ouve o alvoroço daqueles que Jesus costumava reunir em torno de si, dizendo: "Deixai vir a mim os pequeninos, porque deles é o Reino dos Céus".

Em compensação, nesses suntuosos lares, ouve-se, nas cavalariças, o relinchar de corcéis de puro-sangue, cobertos com mantas bordadas, e, no confortável canil, o ganido e o rosnar de nédios e luzidios mastins, trazendo ao pescoço finas coleiras, chapeadas de metal reluzente!

Não existem asas implumes sem ninho, ao abandono. As mesmas feras não deixam sem furna os seus cachorrinhos. Só na sociedade humana se encontram crianças ao desabrigo, vagando a esmo sem família e sem penates!

Será sempre assim o mundo? Acreditamos que não. A Evolução é lei incoercível. A natureza não dá saltos; porém, lentamente, tudo se vai modificando, tudo se vai transformando, e o Universo marcha para a frente e para o Alto. Cremos piamente na melhoria do nosso estado social. O relógio do progresso avança em seu movimento isócrono; e, quando interesses malsãos procurem retardar-lhe a caminhada, determinando desacordo com a posição do Sol que ilumina a trajetória da Vida, dizem que o dono do relógio põe a mão no ponteiro e... acerta as horas.

É assim que se explica a queda da escravidão, do feudalismo, dos latifúndios, da inquisição, do absolutismo e de outras instituições iníquas. "Toda árvore que o Pai não plantou será arrancada."

A melhoria da Humanidade está na razão direta da nova orientação que as mães de hoje possam dar aos seus filhos. E toda mulher é sempre mãe, seja qual for a sua idade e o seu estado civil. É da mulher que nascem as auroras de novos dias de esperança e de fé. Trabalhemos pela criança, melhorando as condições dos lares existentes e constituindo outros sob aspectos mais excelentes, que sejam verdadeiras retortas, onde se destilem as gotas do amor, desse amor que opera prodígios e realiza milagres.

Note-se, porém, o seguinte:

Não somos inimigos dos asilos. De maneira nenhuma pretendemos que se cerrem as suas portas. Queremos, sim, que o seu número — que reputamos demasiadamente limitado — se multiplique, se centuplique, de modo que o seio de cada família seja o refúgio da criança desamparada; que cada lar seja um abrigo franco aos menores desvalidos; que, finalmente, cada coração seja um asilo aberto, onde a orfandade se extingue, desaparecendo ao sopro divinal do amor.

33
As gerações futuras

As gerações futuras não serão diferentes da presente, com todos os seus defeitos e prejuízos de ordem moral, se não tratarmos da educação da infância e da juventude; dessa juventude que será a sociedade de amanhã.

Jesus disse que não se põe remendo de pano novo em roupa velha, por isso que a rasgadura se tornará maior. E, igualmente, não se põe vinho novo em odres velhos, porque estes não resistem à sua fermentação e se rompem.

É claro que o Excelso Mestre se refere, nesta alegoria, à natureza do ideal que propagava, do qual era a viva encarnação. Esse ideal novo, reformador, quase revolucionário, revestido pela Terceira Revelação, deve ser anunciado, de preferência à juventude, às crianças, porquanto estes elementos representam a terra virgem, aberta à boa sementeira. Semear no meio de abrolhos e semear em terreno isento de ervas daninhas hão de dar resultados bem diversos. As messes, de uma e de outra, dessas culturas, serão, por certo, distintas, dizendo por si mesmas qual delas é a mais vantajosa.

E, meus amigos, até agora, não temos feito outra coisa senão semear no meio de cardos, remendar roupa velha com pano novo e deitar o vinho espumante da vindima espírita em odres carunchentos, incapazes de suportarem a sua fermentação.

Educar é salvar, é remir, é libertar; é desenvolver os poderes ocultos, mergulhados nas profundezas das nossas almas.

A diferença entre um sábio e um ignorante; entre o bom e o mau; o santo e o criminoso; o justo e o ímpio — nada mais é que o efeito da educação. Entre aquelas que edificam e aqueles que destroem; entre os que tiram a vida do seu próximo levando por toda parte a desolação e a ruína e aqueles que dão a vida própria a prol do bem da coletividade, verifica-se, apenas, uma dessemelhança: educação — na sua acepção verdadeira, que significa o harmônico desenvolvimento das faculdades espirituais. Os homens são todos iguais. A diferença entre eles não é de essência, mas de grau evolutivo determinado pela educação.

Conta-se que Licurgo, célebre orador ateniense, fora, certa ocasião, convidado para falar sobre a Educação. Aceitou o convite, sob a condição de lhe concederem três meses de prazo. Findo esse tempo, apresentou-se perante numerosa e seleta assembleia, que aguardava, ávida de curiosidade, a palavra do consagrado tribuno.

Licurgo apareceu, então, trazendo consigo dois cães e duas lebres. Soltou o primeiro mastim e uma das lebres. A cena foi chocante e bárbara. O cão avança furioso sobre a lebre e a despedaça. Soltou, em seguida, o segundo cachorro e a outra lebre. Aquele pôs-se a brincar com esta amistosamente. Ambos os animais corriam de um para outro lado, encontrando-se aqui e acolá para se afagarem mutuamente.

Ergue-se, então, Licurgo na tribuna e conclui, dirigindo-se ao seleto auditório:

"Eis aí o que é a educação. O primeiro cão é da mesma raça e idade que o segundo. Foi tratado e alimentado em idênticas condições. A diferença entre eles é que um foi educado, e o outro não".

O objetivo máximo do Espiritismo é precisamente esse: educar para salvar. Iluminar o interior dos homens para libertar a Humanidade de todas as formas de selvageria; de todas as modalidades de crueza e de impiedade; e de todas as atitudes e gestos de rivalidade feroz e deselegância moral. Esta conquista diz respeito ao sentimento, ao senso religioso, que os homens do século perderam, ou melhor, que jamais chegaram a possuir.

O MESTRE NA EDUCAÇÃO

EDIÇÃO	IMPRESSÃO	ANO	TIRAGEM	FORMATO
1	1	1976	10.200	13x18
2	1	1977	10.200	13x18
3	1	1982	10.200	13x18
4	1	1988	5.100	13x18
5	1	1991	10.000	13x18
6	1	1997	4.000	13x18
7	1	2005	500	13x18
8	1	2005	500	13x18
9	1	2007	1.000	13x18
10	1	2009	2.000	14x21
10	2	2009	3.000	14x21
10	3	2015	500	14x21
10	4	2015	1.000	14x21
10	5	2019	100	14x21
10	POD*	2021	POD	14x21
10	7	2022	50	14x21
10	IPT**	2023	50	14x21
10	IPT	2023	100	14x21
10	IPT	2024	100	14x21
10	IPT	2025	80	14x21

*Impressão por demanda
**Impressão pequenas tiragens

O LIVRO ESPÍRITA

Cada livro edificante é porta libertadora.

O livro espírita, entretanto, emancipa a alma nos fundamentos da vida.

O livro científico livra da incultura; o livro espírita livra da crueldade, para que os louros intelectuais não se desregrem na delinquência.

O livro filosófico livra do preconceito; o livro espírita livra da divagação delirante, a fim de que a elucidação não se converta em palavras inúteis.

O livro piedoso livra do desespero; o livro espírita livra da superstição, para que a fé não se abastarde em fanatismo.

O livro jurídico livra da injustiça; o livro espírita livra da parcialidade, a fim de que o direito não se faça instrumento da opressão.

O livro técnico livra da insipiência; o livro espírita livra da vaidade, para que a especialização não seja manejada em prejuízo dos outros.

O livro de agricultura livra do primitivismo; o livro espírita livra da ambição desvairada, a fim de que o trabalho da gleba não se envileça.

O livro de regras sociais livra da rudeza de trato; o livro espírita livra da irresponsabilidade que, muitas vezes, transfigura o lar em atormentado reduto de sofrimento.

O livro de consolo livra da aflição; o livro espírita livra do êxtase inerte, para que o reconforto não se acomode em preguiça.

O livro de informações livra do atraso; o livro espírita livra do tempo perdido, a fim de que a hora vazia não nos arraste à queda em dívidas escabrosas.

Amparemos o livro respeitável, que é luz de hoje; no entanto, auxiliemos e divulguemos, quanto nos seja possível, o livro espírita, que é luz de hoje, amanhã e sempre.

O livro nobre livra da ignorância, mas o livro espírita livra da ignorância e livra do mal.

EMMANUEL[1]

---

[1] Página recebida pelo médium Francisco Cândido Xavier, em reunião pública da Comunhão Espírita Cristã, na noite de 25 de fevereiro de 1963, em Uberaba (MG), e transcrita em *Reformador*, abr. 1963, p. 9.

FEB editora
Livro espírita para um novo mundo
www.febeditora.com.br
@febeditoraoficial
@febeditora

Conselho Editorial:
Carlos Roberto Campetti
Cirne Ferreira de Araújo
Evandro Noleto Bezerra
Geraldo Campetti Sobrinho – Coord. Editorial
Jorge Godinho Barreto Nery – Presidente
Maria de Lourdes Pereira de Oliveira
Miriam Lúcia Herrera Masotti Dusi

Produção Editorial:
Elizabete de Jesus Moreira

Capa:
Agadyr Torres Pereira

Projeto Gráfico:
Dimmer Comunicações Integradas

Normalização Técnica:
Biblioteca de Obras Raras e Documentos Patrimoniais do Livro

Esta edição foi impressa no sistema de Impressão pequenas tiragens, em formato fechado de 140x210 mm e com mancha de 100x170 mm. Os papéis utilizados foram o Off white 80 g/m² para o miolo e o Cartão 250 g/m² para a capa. O texto principal foi composto em fonte Minion Pro 12/14,4 e os títulos em StoneSerif-Italic 24/28,8. Impresso no Brasil. *Presita en Brazilo.*